INFO GUIDE



# Südengland

von Hans-Günter Semsek

Auf der hinteren Umschlaginnenseite finden Sie eine ausfaltbare Landkarte.

# Inhalt



◁ *Vor Plymouth erhebt sich der Leuchtturm Smeaton's Tower*

# 1 Willkommen in Südengland

Die südenglische Küste und das attraktive Hinterland, von der Grafschaft Kent im Osten bis Cornwall im Westen, sind besonders reich an kulturhistorisch bedeutenden Sehenswürdigkeiten und zauberhaften Landschaften. Sport, Spiel und Strandleben versprechen die bekannten südenglischen Badeorte Eastbourne, Brighton und Bournemouth. Ihre Markenzeichen sind die weit ins Meer reichenden Piers mit den Vergnügungs-, Spiel- und Bingohallen.

Die Kathedralstädtchen Winchester, Salisbury, Exeter und Wells mit ihren prachtvollen Gotteshäusern haben viel Atmosphäre aus vergangenen Tagen in unsere Zeit hinübergerettet. Bath mit seinen freigelegten römischen Thermen, in denen noch heute die heißen Quellen sprudeln, und mit seiner einzigartigen georgianischen Architektur ist nicht nur von der UNESCO zum Weltkulturerbe erklärt worden, sondern zählt zu den schönsten Städten im Inselreich.

Wandermöglichkeiten bieten sich im Dartmoor, das viele aus der Sherlock-Holmes-Geschichte »Der Hund von Baskerville« kennen, im ausgedehnten Exmoor, wo halbwilde Ponies grasen und sich Steinsetzungen bronzezeitlicher Siedler finden, und vor allem in Cornwall auf den Klippen hoch über dem Meer.

Zu den Highlights gehören Charleston Farmhouse, in dem sich während der ersten Jahrzehnte des 20. Jahrhunderts die Maler, Schriftsteller und Intellektuellen der Bloomsbury Group trafen, und Chartwell, wo sich Winston Churchill von den Strapazen der Politik erholte. Zauberhaft ist der Garten von Sissinghurst, den die Schriftstellerin und Dichterin Vita Sackville-West und ihr Mann, der Sachbuchautor Harold Nicolson, rund um die kleinen Wohn- und Arbeitscottages angelegt haben.

Bateman's, das Domizil Rudyard Kiplings, diente ihm als Inspirationsquelle, so etwa für das Kinderbuch »Puck vom Buchsberg«. In Monk's House fand Virginia Woolf die Ruhe für ihre schriftstellerische Arbeit, und das winzige Cloud's Hill war Rückzugsort für den berühmten Lawrence von Arabien – In Südengland gibt es viel zu entdecken.

*Hoch steigen bei Beachy Head die weißen Klippenfelsen Seven Sisters auf*

# 2 Chronik

## *Daten zur Geschichte Südenglands*

**54/55** Julius Cäsar dringt mit seinen Legionären im Zuge einer Strafexpedition nach Südengland vor.

**43 n. Chr.** Kaiser Claudius ordnet die Invasion Britanniens an; am Nordufer der Themse gründen die Römer die Stadt Londinium.

**410** Die römischen Truppen werden aus Britannien abgezogen, um Rom von den Westgoten zurückzuerobern.

**449** Die Angeln und Sachsen drängen auf die Insel; vergebens leistet König Artus Widerstand.

**827** Egbert eint die angelsächsischen Stämme und gründet das südenglische Königreich Wessex.

**1066** Die Normannen unter Wilhelm dem Eroberer fallen in England ein und besiegen in der Schlacht bei Hastings Harold II., den letzten angelsächsischen König Britanniens. Wilhelm wird in Westminster Abbey zum König von England gekrönt.

**1086** Im Doomsday Book, Englands erstem Katasterwerk, lässt Wilhelm der Eroberer den Besitz von Städten, Dörfern und Kirchsprengeln verzeichnen.

*Auf dem »Teppich von Bayeux« wird die Schlacht bei Hastings in Stickerei dargest*

**1170** Ermordung von Bischof Thomas Becket in der Kathedrale von Canterbury durch Gefolgsleute von Heinrich II.

**1215** Der Adel zwingt König Johann Ohneland (John Lackland), die Magna Charta zu unterschreiben; im großen und ganzen herrscht damit für die Bürger Rechtssicherheit.

1215–72 Währen der Regierungszeit von Heinrich III. wird gegen den Willen des Königs, aber mit Unterstützung des Adels, ein erstes Parlament einberufen.

1347–1453 Hundertjähriger Krieg zwischen England und Frankreich; bis auf Calais gehen alle englischen Besitzungen in Frankreich verloren.

1415 Heinrich V. siegt unerwarteterweise in der Schlacht von Agincourt gegen die Franzosen.

*Hans Holbein d. J. malte als dessen Hofmaler Heinrich VIII.*

1455–85 Zeit der Rosenkriege; das Haus York (Weiße Rose) kämpft gegen das Haus Lancaster (Rote Rose) um die Vorherrschaft im Land.

1473 Kaufleute aus Köln lassen sich in London nieder.

1476 William Caxton gründet in London die erste Druckerei Englands.

1509–47 Unter der Herrschaft von Heinrich VIII. kommt es zur Trennung von Rom und zur Gründung der anglikanischen Staatskirche. Heinrich heiratet sechs Frauen, von denen er bei zweien eine Scheidung einreicht, zwei lässt er hinrichten, eine Ehefrau stirbt, und die letzte Gattin überlebt ihn. Und so lautet bis heute ein beliebter Abzählreim in England: *Divorced – Beheaded – Died – Divorced – Beheaded – Survived.*

1532 Hans Holbein aus Augsburg wird Hofmaler von Heinrich VIII.

1535 Heinrich VIII. lässt seinen Lordkanzler Thomas Morus hinrichten, da dieser sich weigert, seinen König als religiöses Oberhaupt anzuerkennen.

1558–1603 Herrschaft von Königin Elisabeth I.; England erlebt eine wirtschaftliche und kulturelle Blütezeit.

1577–80 Francis Drake umsegelt auf der »Golden Hind« die Welt.

1588 Der spanische König Felipe II. schickt die als unbesiegbar geltende Armada gegen England; die mächtige Flotte wird vernichtend geschlagen.

1592 Erste Erwähnung von William Shakespeare, der als Stückeschreiber und Schauspieler seit kurzem in London lebt.

**1620** Mit der »Mayflower« segeln die Pilgerväter von Southampton aus in die neue Welt.

**1642–49** Zwischen dem Parlament und dem König entbrennt der Kampf um die Macht. Oliver Cromwell lässt König Karl I. hinrichten und übernimmt als Lord Protector für fünf Jahre die Macht.

*Die mächtige Königin Elisabeth I.*

**1660** Restauration der Monarchie, der vergnügungssüchtige »Merry Monarch« Karl II. besteigt den Thron.

**1685–88** James II. versucht, den Katholizismus wieder einzuführen, wird jedoch von seinem Schwiegersohn Wilhelm von Oranien gestürzt und muss ins Exil fliehen. Die Verabschiedung der Bill of Rights stärkt die Befugnisse des Parlaments und die Rechtssicherheit der Bürger.

**1707** Das schottische Parlament wird aufgelöst, und Schottland wird fortan von London aus regiert.

**1721** Sir Robert Walpole wird erster britischer Premierminister.

**1727–60** Siegreiche Kriege gegen Spanien und Frankreich; die Einverleibung von Kanada und Indien ins Empire vergrößert die Einflußsphäre Großbritanniens.

**1805** Admiral Horatio Nelson läuft auf der »Victory«, gefolgt von der Kriegsflotte, aus dem Hafen von Portsmouth aus und vernichtet bei Trafalgar die spanisch-französische Flotte. Nelson kommt in der Seeschlacht ums Leben. Der Sieg sichert den Briten für ein Jahrhundert die Herrschaft auf den sieben Weltmeeren.

**1837–1901** Herrschaft von Königin Victoria; Großbritannien ist das reichste und das höchstindustrialisierte Land der Welt. Der Frühkapitalismus sorgt für Massenelend und soziale Missstände in großem Ausmaß.

**1847/48** Karl Marx und Friedrich Engels gründen den Bund der Kommunisten und publizieren das »Kommunistische Manifest« (»Ein Gespenst geht um in Europa ...«)

**1886–94** Nach den Plänen und unter der Bauleitung von John Wolf-Barry und Horace Jones wird in London die Tower Bridge gebaut.

**1908–11** Der Schatzkanzler und spätere Premierminister Lloyd George führt die Altersrente ein und ruft ein Sozialversicherungsprogramm ins Leben.

**1914–18** Erster Weltkrieg; bei Luftangriffen mit Zeppelinen auf London werden rund 2000 Personen getötet.

**1918** Der beharrliche Kampf der Suffragetten zahlt sich aus, Frauen erhalten das Wahlrecht.

**1935** Edward VII. verzichtet auf den Thron, um die geschiedene Amerikanerin Wallis Simpson zu heiraten; das Ansehen der Monarchie im Volke sinkt auf einen Tiefststand.

**1939–45** Zweiter Weltkrieg; durch zahllose Luftangriffe sterben rund 30 000 Bewohner von London.

**1977** Große Feiern im ganzen Land zum 25-jährigen Thronjubiläum von Königin Elisabeth II.

**1979** Margret Thatcher wird Premierministerin.

**1982** Protestdemonstrationen im Inselreich gegen den Falkland-Krieg; Argentinien versucht, die zu Großbritannien gehörenden Falkland-Insel zu annektieren und wird militärisch in die Knie gezwungen.

**1992** Das britische Königshaus verliert aufgrund der amourösen Eskapaden von Charles und Diana, Edward und Fergie an Ansehen; Königin Elisabeth spricht öffentlich von einem »Horrorjahr«. Ein Brand zerstört weite Teile von Windsor Castle.

**1994** Eröffnung des Euro-Tunnels.

**1997** Nach fast zwei Jahrzehnten in der Opposition gewinnt im Mai die Labour Party die Parlamentswahlen: Premierminister wird Tony Blair. In einem Referendum entscheiden sich die Schotten und Waliser für ein eigenes Parlament.

**1999** Königin Elisabeth II. eröffnet das schottische Parlament und bestätigt damit formell die Teilautonomie des Landes.

**2002** Im Alter von 71 Jahren stirbt im Februar Prinzessin Margaret. Einen Monat später segnet Queen Mum im Alter von 101 Jahren das Zeitliche.

**2003** Wegen seiner Beteiligung am Golf-Krieg gerät Premierminister Toni Blair nicht nur in seiner eigenen Partei unter Druck.

**2005** Im November hebt das Parlament die aus dem Ersten Weltkrieg stammende Sperrstunde in Pubs auf (vgl. S. 67).

**2007** Ab dem 1. Juli gilt, wie bereits seit einem Jahr in Schottland und in Wales, nun auch in England ein absolutes Rauchverbot an allen öffentlichen Stätten.

3

# Vista Points

## *Orte, Landschaften und Sehenswürdigkeiten*

G7

### A la Ronde

Etwa 18 km südlich von Exeter liegt am nördlichen Stadtrand von Exmouth etwas abseits der A 376 einer der kuriosesten *follies* Großbritannien – A la Ronde. Das runde, genauer gesagt **16-eckige Häuschen** ließen Ende des 18. Jh. Jane Parminster und ihre Cousine Mary erbauen.

Die beiden waren als begüterte junge Damen für elf Jahre auf die übliche Grand Tour durch Europa gegangen, hatten Abertausende von Souvenirs mitgebracht, benötigten nun eine neue Heimstatt und planten ihr Refugium nach dem Vorbild der Kirche San Vitale in Ravenna. Die mit allem möglichen Krimskrams übervollen, tortenförmigen Räume umgeben eine zentrale achteckige überkuppelte Halle. Höhepunkt ist die Shell Gallery, ein Kuppelraum, der vollständig mit Muscheln ausgekleidet ist (April–Okt. tägl. außer Mi/Do 11–17 Uhr).

### Avebury

Vgl. Salisbury, S. 47 f.

E17

### Bateman's

1902 kaufte der damals schon weltbekannte **Rudyard Kipling** im Alter von 36 Jahren das von 1634 datierende Haus, lebte und schrieb hier bis zu seinem Tod 1936. 1907 bekam Kipling als erster Brite den Nobelpreis für Literatur. Die Zimmer sind mit dem originalgetreuen Mobiliar ausgestattet. Der interessanteste Raum ist das Arbeitszimmer des Meisters mit dem großen Schreibtisch, der alten Schreibmaschine darauf, den beiden großen Globen rechts und links und den vielen Büchern an den Wänden.

*Rudyard Kipling (1865–1936)*

**Bateman's**
Burwash, Etchingham (East Sussex)
✆ (014 35) 88 23 02
April–Okt. tägl. außer Do/Fr 11–17.30, Nov./Dez. Mi–So 11–16 Uhr
Anreise: Von Hastings geht es ca. 18 km über die A 21, beim Weiler Hurst Green biegt man gen Westen über die A 265 bis zum Örtchen Burwash ab, von hier ist Bateman's ausgeschildert.

## Bath

D10

Schon kurz nach der Invasion im Jahr 43 hatten die Römer die heißen Quellen von Bath entdeckt und begannen rasch mit dem Bau einer Stadt, die sie »Aqua Sulis« nannten. Noch heute sprudeln die heißen Quellen mit einer konstanten Temperatur von 46,5 °C.

Cb2

Allererste Attraktion in der 1987 zum UNESCO-Weltkulturerbe ernannten Stadt ist das **Römische Bad**, das von den Archäologen freigelegt werden konnte. Viele Hinweistafeln mit ausführlichen Erklärungen leiten die Besucher durch die ausgedehnte Therme. Neben dem Bad ist der **Pump Room** allererste Anlaufstelle für den Morgenkaffee oder den nachmittäglichen *cream tea*; ein Pianist sorgt für stilvolle Unterhaltung.

Cb2

1499 begann man auf Anordnung von Bischof Oliver King – angeblich hatte ihn ein Traum dazu inspiriert – mit dem Bau von **Bath Abbey**, doch erst im 18 Jh. wurde das prachtvolle Gotteshaus vollendet. Attraktion ist im Innern das phantastische Fächergewölbe, das sich durch das gesamte Hauptschiff zieht.

Cb2

Bb1/2

*Royal Crescent*

Ab/Bb1

Im **Theatre Royal** in Sawclose kam 1805 zum ersten Mal ein Theaterstück auf die Bühne. Vor einigen Jahren wurde der Zuschauerraum restauriert und in seinen originalen Zustand zurückversetzt. **The Circus** ist ein kreisrunder Platz, von dem drei Straßen ausgehen. Die Häuser hier sind alle im Halbrund gebaut, und die Fassaden zeigen den allerschönsten georgianischen Stil. Die elegante städtische Anlage, beeinflusst vom Colosseum in Rom, geht auf den Architekten John Wood zurück.

Der architektonische Höhepunkt der Stadt ist jedoch der **Royal Crescent**; der 180 m lange georgianische steinerne Halbmond besteht aus 30 Häusern, mehr als 100 ionische Säulen schmücken die Vorderfront. Im palladianischen Flankenhaus **Royal Crescent Nr. 1** ist der Bath Conservation Trust untergebracht, und hier kann

*Eines der besterhaltenen römischen Bauwerke in Britannien: das römische Bad in Bath*

man eine originalgetreue Wohnungseinrichtung aus dem 18. Jh. besichtigen (März–Okt. Di–So 11–17 Uhr).

Bb2

In der Milsom Street lohnt sich für Hobby-Fotografen ein Besuch des **Museums der Royal Photographic Society** (tägl. 9.30–17.30 Uhr). Über den River Avon führt die pittoreske **Pulteney Bridge**, die 1770 von dem Architekten Robert Adam erbaut wurde und die rechts und links von Ladenlokalen gesäumt ist.

Cb2

**Tourist Information**
Abbey Chambers, Church Yard, Bath
✆ (09 06) 711 20 00, www.visitbath.co.uk

Cb2

**Roman Baths (Römisches Bad)**
Abbey Church Yard, Bath
✆ (012 25) 47 77 85, www.romanbath.co.uk
Jan./Febr. tägl 9.30–17.30, März–Juni, Sept./Okt. tägl. 9 –18, Juli/Aug. tägl. 9–21 Uhr
Berühmte Tempel- und Bäderanlage mit Britanniens einziger heißer Quelle.

Bb2

**Jane Austen Centre**
40 Gay Street, Queen Square, Bath
✆ (012 25) 44 30 00, www.janeausten.co.uk
Mo–Sa 10–17.30, So 10.30–17.30 Uhr
Das Zentrum widmet sich der bekanntesten Persönlichkeit von Bath.

Bb2

**Hole in Wall**
16 George Street, Bath
✆ (012 25) 42 52 42
Eines der besten Lokale von Bath mit exzellenter Küche.

*Vor oder nach dem Besuch der Bath Abbey ist der im Pump Room angesagt*

**Loch Fyne Restaurant**
Milson Street/Ecke George Street, Bath
✆ (012 25) 75 01 20
Hervoragendes Seafood-Restaurant einer überregionalen Lokal-Kette.

Bb2

*Bodiam Castle, eine beeindruckende Burgruine*

**Battle**
Vgl. Hastings, S. 33 f.

**Beachy Head**
Vgl. Eastbourne, S. 27.

## Bodiam Castle

Rund 15 km nördlich von Hastings liegt diese sehr eindrucksvolle Burgruine. Die Befestigung geht auf die Initiative Richard II. zurück, der 1385 seinen Baumeister damit beauftragte, das Hinterland von Rye, Winchelsea und Hastings durch eine Burg zu sichern. Die Franzosen landeten nämlich immer wieder an der Südküste und brandschatzten in der Gegend. So entstand die mächtige quadratische Anlage mit Türmen an allen vier Ecken, umgeben von einem breiten Wassergraben.

Cromwells Truppen zerstörten die Festung in den Bürgerkriegswirren, damit die Anhänger der Monarchie hier keinen Unterschlupf finden konnten. Anfang des 20. Jh. ließ Lord Curzon – einst Vizekönig von Indien und britischer Außenminister – die Bausubstanz sichern und vermachte Bodiam Castle 1917 dem National Trust (✆ 015 80-83 04 36, Febr. tägl. 10.30–17, März–Okt. tägl. 10.30–18, Nov.–Jan. Sa/So 10.30–16 Uhr).

## Bournemouth

Das gepflegte Seebad ist ein beliebter Tagungsort wegen des großen Kongresszentrums oberhalb des 10 km langen, feinen Sandstrands. Wie in englischen See-

*Mary Wollstonecraft (1759–97)*

bädern üblich, ragt ein **Vergnügungspier** weit ins Meer hinein. Nahe am Pier lohnt ein Besuch im **Russel-Cotes Art Gallery & Museum** mit orientalischer Kunst (Undercliff Drive, Di–So 10–17 Uhr).

Wie Brighton und Eastbourne ist Bournemouth ein gepflegtes internationales Seebad mit einem großen Konferenzzentrum für Tagungen aller Art; viele Sprachschulen bieten ihre Dienste an und werden von jungen Leuten besucht. Weite Grünflächen und ein 20 Kilometer langer Sandstrand laden zur Erholung ein.

**i** **Tourist Information**
Westover Road, Bournemouth (Dorset)
✆ (012 02) 45 17 00
www.bournemouth.co.uk

## Brighton

Englands bekanntestes Seebad nennt den größten aller britischen *follies* sein eigen, den **Royal Pavilion**, den der Architekt John Nash auf Anordnung des späteren Georg IV. mit Zwiebelkuppeln, Bleistift-Minaretten und orientalischer Ornamentik im indisch-muslimischen Stil erbaute (Okt.–März tägl. 10–17.15, April–Sept. tägl. 10–17.45 Uhr). An den Royal Pavilion schließt sich das weitgehend verkehrsberuhigte Viertel **The Lanes** an, in früheren Tagen der Stadtteil der Fischer. In den Straßen und Gassen dieses Quartiers sind viele gute Restaurants und gemütliche Pubs zu finden. 7 km lang ist die Strandpromenade, die vom 1899 erbauten, 530 m lan-

*Anziehungspunkt von Bornemouth ist der feine Sandstrand*

*Der Royal Pavilion in Brighton erinnert an indische Bauwerke*

gen **Palace Pier** in zwei Hälften unterteilt wird. Ein Stückchen weiter verschandelt die rostende Ruine des West Pier die Atmosphäre der Seefront.

**Tourist Information**
10 Bartholemew Square, Brighton (East Sussex)
✆ (09 06) 711 22 55, www.tourism.brighton.co.uk

**Black Chapati**
12 Circus Parade, Brighton
✆ (012 73) 69 90 11
Sehr kreative indisch-malayisch-englische Küche.

## Bristol

C9

Das ehemalige Hafengebiet, der **Floating Harbour**, ist zu einem innerstädtischen Naherholungsgebiet umgebaut worden; am Whapping Wharf/Gas Ferry Road informiert das **Maritime Heritage Centre** über die Seefahrt (Sommer tägl. 10–17, Winter 10–16 Uhr). Hier am Pier liegt auch der 1843 vom Stapel gelaufene **Steamer »Great Britain«** vor Anker, das erste vollständig aus Stahl erbaute und von einer Schiffsschraube angetriebene Schiff. Konstrukteur war der geniale Ingenieur Isambard Kingdom Brunel.

Ein alter Zug mit schnaufender Dampflokomotive – die **Bristol Harbour Railway** – bringt während der Saison Besucher vom Anfang des Hafengeländes bis zur »Great Britain«.

In einem restaurierten Magazinspeicher, Prince Street, kann man moderne, zeitgenössische Kunst im **Arnolfini Arts Centre** betrachten. In King's Street kommen im **Theatre Royal** seit dem 16. Jh. Stücke aller Art auf die

Old Fish Market in Bristol

Daniel Defoe (1660–1731)

Bühne; das Theater ist das älteste, durchgängig bespielte Schauspielhaus Großbritanniens.

Am Ende von King's Street ragt rechter Hand ein mächtiges dreigiebeliges Fachwerkhaus aus dem Jahr 1669 auf, und seitdem ist hier auch der Pub **Llandower Trow** untergebracht. Die Kneipe kennt in Großbritannien fast jeder, denn hier traf Daniel Defoe auf den Matrosen Alexander Selkirk, der von seinem Schiffbruch auf einer einsamen Insel erzählte und ihn zu seinem »Robinson Crusoe« inspirierte. Robert L. Stevenson beschrieb nach diesem Pub »The Spyglass Inn« in seinem Roman »Die Schatzinsel«.

**Tourist Information**
14 Narrow Quay, Bristol
✆ (0906) 711 21 91, www.visitbristol.co.uk

Die Clifton Suspension Bridge über dem Avon

Im Vorort Clifton sollte man sich auf jeden Fall die **Clifton Suspension Bridge** anschauen, die in schwindelerregender Höhe den River Avon überspannt. Auch dieses technische Wunderwerk aus dem 19. Jh. plante der geniale Isambard Kingdom Brunel.

**Muset**
12 Clifton Road, Bristol
© (01 17) 973 29 20
Eines der besten Restaurants der Stadt mit herausragender Weinkarte.

## Brixham

Vgl. Torquay, S. 56.

## Canterbury

*Detail der Canterbury Cathedral*

Die ältesten Teile der **Kathedrale** von Canterbury ließ der normannische Bischof Lafranc 1070–77 errichten. Nach der Ermordung von Bischof Thomas Becket im westlichen Querschiff des Gotteshauses verlängerte der Baumeister William the Englishman den Chor, um einen angemessenen Platz für den Schrein des Heiligen zu bekommen. Im 14. und 15. Jh. wurde das Kircheninnere im gotischen Perpendicular-Stil umgestaltet und auch der 80 m hohe Vierungsturm errichtet.

Südlich der Domfreiheit findet sich zwischen Burgate und High Street das **Roman Museum** mit Exponaten zu Canterburys römischer Geschichte (Nov.–Mai tägl. 10.30–17, Juni–Okt. 13.30–17 Uhr). Das 1573 errichtete Fachwerkgebäude **Queen Elizabeth Guest Chamber** (High Street) erinnert an einen Besuch der Monarchin, heute befindet sich in dem Gemäuer ein Restaurant.

Von der High Street geht St. Margaret's Street ab, und hier macht das **Pilgrims Way Centre – The Canterbury Tales** (Jan./Febr., Nov./Dez. Mo–Sa 10–16.30, März –Juni, Sept./Okt. tägl. 10–17, Juli/Aug. tägl. 9.30–17 Uhr) mit einer frühmittelalterlichen Wallfahrt zum Grab des hl. Thomas Becket bekannt, und zwar so, wie wir es aus den »Canterbury Tales« von Geoffrey Chaucer (um 1343–1400) kennen. Ebenfalls von der High Street zweigt die Stour Street ab mit dem **Museum of Canterbury** (ganzjährig Mo–Sa 10.30–17, Juli–Sept. auch So 13.30–17 Uhr). In der St. Peter's Street (Verlängerung der High Street), an der Brücke des River Stour, steht die im 12. Jh. errichtete Pilgerherberge **The Canterbury Pilgrims Hospital of St. Thomas,** in der arme Wallfahrer Quartier fanden (Mo–Sa 10–13 und 14–17, So 11–13

*Ein imposantes Bauwerk ist die Canterbury Cathedral ▷*

und 14–17 Uhr). Am Ende von St. Peter's Street ragt das alte Stadttor **West Gate** auf.

**Tourist Information**
Sun Street, Buttermarke, Canterbury (Kent)
✆ (012 27) 37 81 00, www.canterbury.co.uk

**Canterbury Cathedral**
www.canterbury-cathedral.org
Mo–Sa 9–18, Winter Mo–Sa 10–18, Krypta ganzjährig Mo–Sa 10–18, So 12.30–14.30 und 16.30–17.30 Uhr
Mit der ehemaligen Abtei St. Augustin und der St. Martins-Kirche UNESCO-Weltkulturerbe. Zentrum der englischen Kirche und wichtigster Wallfahrtsort der Insel.

**The Canterbury Tales**
St. Margaret's Street, Canterbury
✆ (012 27) 47 92 27, www.canterburytales.org.uk
Nov.–Feb. 10–16.30, März–Juni, Sept./Okt. 10–17, Juli/Aug. 9.30–17 Uhr
Das Museum gibt unterhaltsam einen Einblick in das mittelalterliche England und in die volkstümlichen Sagen von Chaucer.

**Ristorante Tuo e Mio**
The Borough, Canterbury
Kleines, gemütliches italienisches Lokal.

## Charleston Farmhouse

1916 zog die Malerin **Vanessa Bell**, die Schwester von Virginia Woolf, zusammen mit ihren beiden kleinen Söhnen und ihrem Gefährten Duncan Grant in das einfache Bauernhaus, das in den folgenden Jahrzehnten Treffpunkt der Mitglieder der **Bloomsbury Group** war, die Kunst und Literatur aus dem viktorianischen Zeitalter in die Moderne führen sollte. Zu dem Kreis gehörten Leonard und Virginia Woolf, John Maynard Keynes, Roger Fry, Lytton Strachey, Clive Bell und viele andere Kunstschaffende. Das besondere an Charleston aber ist, dass die beiden Künstler Vanessa Bell und Duncan Grant einfach alles im Haus bemalt haben, die Muster schmücken teilweise heute noch die Stoffe von Laura Ashley. Zu besichtigen sind auch der Garten und eine Kunstausstellung.

*Vanessa Bell (1879–1961)*

**Charleston Farmhouse**
Charleston Firle, Lewes (East Sussex)
✆ (013 23) 81 12 65, www.charleston.org.uk
Mi, Sa 11.30–17, Do/Fr, So 14–17 Uhr, Juli/Aug. immer ab 11.30 Uhr
Anreise: Charleston liegt abseits der A 27, die von Eastbourne nach Brighton führt und ist von dieser Straße ausgeschildert.

D16

*Sir Winston Churchill (1874–1965)*

## Chartwell

Etwa 15 km westlich von Sevenoaks und 4 km südlich vom Örtchen Westerham und der Autobahn M 25 liegt an der B 2026 Chartwell, für mehr als 40 Jahre das **Privathaus von Sir Winston Churchill**. Zu besichtigen sind sämtliche Räume mit der originalen Einrichtung sowie sein Atelier im Garten mit vielen von ihm gemalten Bildern. Sie bringen die Persönlichkeit eines der größten Politikers des 20. Jh. ein wenig näher.

**Chartwell**
Mapleton Road, Westerham (Kent)
✆ (017 32) 86 83 81
chartwell@nationaltrust.org.uk
Mitte März–Juni Mi–So 11–17, Juli/Aug. Di–So 11–17, Sept./Okt. 11–17 Uhr

F14

## Chichester

Chichester ist ein äußerst sympathisches und gemütliches Kathedralstädtchen. 1091 begannen die Arbeiten an dem großen **Gotteshaus**, das im romanischen Stil begonnen und etliche Jahrhunderte später mit gotischen Elementen abgeschlossen wurde. Ein Fenster des Retro-Chores stammt von Marc Chagall.

Das **Chichester Festival Theatre** im Oaklands Park hat durch seine eigenwilligen Shakespeare-Aufführungen weithin Bekanntheit erlangt. Das riesige **Marktkreuz** am Schnittpunkt der North, East, South und West Street dient als ein beliebter Treffpunkt im Zentrum der Stadt.

**Tourist Information**
South Street, Chichester (West Sussex)
✆ (012 43) 77 58 88
www.chichester.gov.uk

Am Ende der North Street kann man auf die Stadtmauer steigen und einen *wallwalk* unternehmen, einen Spaziergang auf der Stadtmauer. 3 km westlich vom Zentrum liegt der römische **Palast von Fishbourne**, das größte je in England von Archäologen ausgegrabene römische Haus (Jan. nur So 10–16, Feb. tägl. 10–16, März–Okt. tägl. 10–17 Uhr).

F10

*T. E. Lawrence (1888–1935)*

## Cloud's Hill

In das winzige weiße Häuschen auf einer Waldlichtung zog Mitte der 1920er Jahre T. E. Lawrence, weltbekannt unter dem Namen **Lawrence von Arabien**. Unten befindet sich das Schlafzimmer mit vielen Büchern und Fotos, die Lawrence auf der arabischen Halbinsel machte. Auch eine von dem Bildhauer Eric Kennington angefertigte Gesichtsmaske von Lawrence hängt hier. Unter dem Dach gibt es einen großen, nur spärlich möblier-

*Clovelly mit seinen hübschen Fischer-Cottages*

ten Raum, in dem Lawrence seine Gäste empfing oder der Musik des großen Grammophons lauschte. 1935 hatte er nur wenige Kilometer von Cloud's Hill entfernt seinen tödlichen Motorradunfall.

Lawrences Grab befindet sich auf dem Friedhof der St. Nicolas Church im Dorf Moretan, ca. 5 km westlich von Cloud's Hill; es ist leicht zu finden. In der normannischen St. Martin Church des Städtchens Wareham, ca. 8 km östlich von Cloud's Hill, befindet sich die lebensgroße Grabfigur, die Eric Kennington nach dem Tod von Lawrence anfertigte.

**Anreise:** Cloud's Hill liegt ca. 25 km westlich von Bournemouth, 5 km nördlich der A 352, die vom Städtchen Wareham nach Dorchester verläuft; Ausschilderung Tank Museum/Bovington Camp. Vorbei am Haupteingang des Panzermuseums vom Bovington Camp, sind es dann noch ca. 1,5 km (April–Okt. Do–So 12–17 Uhr).

## Clovelly

E4

Das pittoreske 100-Einwohner-Dorf an der Nordküste von Devon wird während der Saison von den Besuchermassen fast erdrückt. Hat man das Ticket Office mit dem Souvenirshop in den Ausmaßen eines Flugzeughangars passiert, spaziert man auf einer steil bergab führenden, katzenkopfgepflasterten Straße, an der sich rechts und links die kleinen, blumengeschmückten Fischercottages entlangreihen. Auf einem Wegstück von 800 m muss man einen Höhenunterschied von 120 m überwinden.

Unten an der Hafenmole, die während der Regierungszeit von Königin Elisabeth I. erbaut wurde, sorgt der Pub **The Red Lion** für Stärkung und Unterkunft. Das Dörfchen ist uralt und wurde schon kurz nach der Invasion von Wilhelm dem Eroberer im Doomsday Book erwähnt.

G/H
5/6

## Dartmoor

Das Dartmoor ist eine rund 1000 km² große **Moor- und Heidelandschaft** mit violett leuchtender Erika, gelbblühendem Ginster und weißem Wollgras. Überall ragen große, verwitterte, granitene Steinauftürmungen in die Höhe, dies sind die so genannten *tors*, willkommene Orientierungspunkte für Wanderer. Vor allem den Norden und den Westen des Dartmoor kennzeichnet eine sehr rauhe, aber beeindruckende Landschaft.

Das Zentrum wird von einer ausgedehnten Hochmoorebene eingenommen, die wie ein gigantischer Schwamm wirkt, und so entspringen hier eine Reihe von kleinen Flüssen: Lyd, Tavy, Meavy, Walkham, Plym, Yealm, Erme, Avon, East und West Dart, Bovey, Teign, Taw und Okement, die alle bis auf die beiden letztgenannten in den Englischen Kanal münden und vielen

*Stolz und weithin sichtbar steht die Kirche St. Pancras in Widecombe in the Moor*

Städten und Dörfern der Region ihren Namen gegeben haben: Lydford, Plymouth, Yealmpton, Dartmouth, Dartmeet, North Bovey, Bovey Tracy, Teignmouth, Drewsteignton, Okehampton.

Überall im Dartmoor trifft der Wanderer auf **prähistorische Relikte** der stein- und bronzezeitlichen Siedler; auf runde Steinringe, Dolmen, Hügelgräber, Druidensteine und Feldraine. 2000 Bauten und mehrere hundert Gräber wurden bisher gefunden; das älteste Grab datiert aus der Zeit von 3000 v. Chr.

Halbwilde Ponies grasen im Dartmoor, und man sollte sie nicht reizen; die Tiere sind recht selbstbewusst und können zum Angriff übergehen. Hobby-Ornithologen werden Kolkraben, Mäusebussarde, Rabenkrähen, Große Brachvögel, Feldlerchen und Wiesenpieper, Braunkehlchen und Steinschmätzer durch ihre Ferngläser erkennen.

G5

**Dartmoor National Park High Moorland Visitor Centre**
Tavistock Road, Princetown (Devon)
✆ (018 22) 89 04 14, www.dartmoor-npa.gov.uk
Tägl. 10–17, im Winter bis 16 Uhr
Im Dörfchen Princetown macht das Visitor Centre mit der Flora, Fauna und Geologie des Dartmoor vertraut. Guter Ausgangspunkt für Erkundungstouren.

Wer nicht im Dartmoor wandern will, der sollte wenigstens die Region durchfahren, um einen Eindruck von der Landschaft zu erhalten. Von Exeter nimmt der Besucher die B 3212 und von Torqauy aus die B 3357, die durch das geographische Zentrum nach Tavistock führt.

In der Nähe von Princetown liegt auch das berüchtigte **Dartmoor-Gefängnis** (Infos unter: ✆ 018 22-89 20 22). Zu Beginn des 19. Jh. zogen napoleonische Gefangene ein, ab 1850 wurde *Her Majestys Prison* dann für den normalen Strafvollzug genutzt. 1901 wanderte Sir Arthur Conan Doyle im Dartmoor, und ein Jahr später erschien sein Sherlock-Holmes-Roman »Der Hund von Baskerville«.

H6

## Dartmouth

Das zauberhafte Örtchen liegt am Mündungstrichter des River Dart. Rund um das innere Hafenbecken The Quay reihen sich schöne alte Fachwerkhäuser, entlang dem Flussufer liegen Hunderte von Segelyachten vor Anker, und die katzenkopfgepflasterten Straßen und Gassen, so etwa Butterwalk, sind von properen, blumengeschmückten jahrhundertealten Häuschen gesäumt.

*Haytor, eine der vielen Steinauftürmungen im Dartmoor*

Ein kleines **Museum** (Butterwalk, April–Okt. Mo–Sa 10–16, Nov.–März Mo–Sa 11–15 Uhr) macht mit der Ortsgeschichte vertraut und zeigt interessante maritime Kuriositäten. **Bayard's Cove**, direkt am Flussufer, umgeben kleine weiße Häuschen aus dem 18. Jh.; am Pier legten einst die Pilgerväter mit der »Mayflower« an, um notwendige Reparaturen am Schiff ausführen zu lassen.

In der ruhigen Parkanlage Royal Avenue Gardens, im Zentrum des Örtchens, steht die erste industriell eingesetzte **Dampfmaschine**, die von Thomas Newcomen of Dartmouth zu Beginn des 18. Jh. konstruiert wurde. Auf einem Hügel oberhalb von Dartmouth befindet sich das 1905 gegründete **Royal Naval College**, an dem Queen Elizabeth' Ehemann, Prinz Philip, und die Söhne Charles, Andrew und Edward ihren maritimen Drill erhielten.

**Tourist Information**
Engine House, Mayor´s Avenue, Dartmouth (Devon), ✆ (018 03) 83 42 24
www.discoverdartmouth.com

Von Bayard's Cove aus gelangt man in einem etwa 15-minütigen Spaziergang zu **Dartmouth Castle** an der Mündung des River Dart (April–Juni tägl. 10–17, Juli/Aug. tägl. 10–18, Sept. tägl 10–17, Okt. tägl. 10–16, Nov.–März Sa/So 10–16 Uhr). Die aus dem 15. Jh. stammende Burg war die erste englische Festung, die starken Artilleriebeschuss aushalten konnte. Weitere Küstenbefestigungen kamen im letzten Jahrhundert und im Zweiten Weltkrieg hinzu.

**The New Angel**
South Embankment, Dartmouth
✆ (018 03) 83 94 25
Eines der besten Restaurants von ganz Südengland, mit ungewöhnlich umfangreicher Weinkarte und zwei Sternen im Michelin.

**The Cherub**
Higher Street, Dartmouth
Wunderschöner Pub im ältesten Gemäuer von Dartmouth, datiert von 1320, *free house*.

## Dorchester

F9

Thomas Hardy (1840–1928), einer der bedeutendsten Romanciers der englischen Literatur, lebte und schrieb viele Jahre in seinem Haus in Dorchester. An der Ecke High Street West und The Grove ehrt eine lebensgroße **Figur** des Bildhauers Eric Kennington den großen Sohn der Stadt. Im **Dorset County Museum** ist das Arbeitszimmer von Hardy nachgebaut worden; viele weitere

Exponate machen mit der Geschichte der Stadt und der Region bekannt (High Street, tägl. außer So 10–17 Uhr).

**Tourist Information**
11 Antelope Walk, Dorchester (Dorset)
✆ (013 05) 26 79 92
www.visit-dorchester.co.uk

## Eastbourne

Eastbourne ist ein elegantes Seebad mit einem weit ins Meer reichenden **Vergnügungspier**. Entlang dem 5 km langen Kieselstrand verläuft eine blumengeschmückte Flanierpromenade mit properen Hausfassaden. Am südlichen Ende der Strandstraße schreckte einst der **Wish Tower** mögliche Invasoren ab; es war der größte Martello-Turm, der je in England erbaut wurde.

Am nördlichen Ende der Uferpromenade schützte die 1810 errichtete kreisrunde Festungsanlage **Redoubt Fortress** die Stadt. Heute ist hier ein kleines Militärmuseum untergebracht (tägl. 9.30–17.30 Uhr), und im Innenhof finden in der Saison Konzerte statt. Bei schlechtem Wetter kann man statt im Meer im Vergnügungsbad **The Souvereign** am nördlichen Teil der Seefront schwimmen.

*Sonnenanbeter auf der Promenade von Eastbourne*

**Tourist Information**
Cornfield Road, Eastbourne (East Sussex)
✆ (013 23) 41 14 00, www.visiteastbourne.com

F16/17

Südlich von Eastbourne sollte man einen Besuch von **Beachy Head** nicht versäumen. 170 m hoch steigen die Kreidefelsen aus dem Meer, und von oben hat man einen weiten Ausblick über die See. Tief unten ragt mitten im Wasser ein Leuchtturm auf.

F16

Von Beachy Head verläuft gen Westen die weiße Klippenformation **The Seven Sisters** bis zum Örtchen Seaford, von dort hat man auch die beste Aussicht auf die Kreidefelsen.

F16

Von Seaford führt eine unklassifizierte Straße nach Norden zu einem der schönsten Weiler Südenglands, zum Dörfchen **Alfriston**. Blumengeschmückte Fachwerkhäuser, in denen gemütliche Pubs und Restaurants untergebracht sind, säumen die schmale Hauptstraße.

## Exeter

F7

1050 avancierte Exeter zur Bischofsstadt, und die ein halbes Jahrhundert zuvor von den Dänen zerstörte Abteikirche wurde zu einem großen Gotteshaus im normannischen Stil erweitert. 1270 begann dann die gotische Umgestaltung der **St. Peter's Cathedral**, die schon 90 Jahre später mit der Fertigstellung der prachtvollen Westfassade ihre Vollendung erfuhr. Besondere Aufmerksamkeit an der Westfassade gilt der dreireihigen Skulpturengalerie; in früheren Tagen waren die Figuren bunt bemalt. Im nördlichen Querschiff zeigt eine **astronomische Uhr** aus dem 14 Jh. die Zeit und die Mondphasen.

Bc2

An der Ostseite der Domfreiheit ragt das vierstöckige elisabethanische Fachwerkgebäude **Mol's House** auf, ein Kaffeehaus, in dem die vier *Devon Sea Captains* Sir Francis Drake, Sir Martin Frobisher, Sir John Hawkins und Sir Walter Raleigh gerne einkehrten. Eine enge Gasse, die St. Martin's Lane, verbindet die Domfreiheit mit der High Street von Exeter, der Haupteinkaufsstraße der Stadt. In der Gasse befindet sich der uralte Pub **Ship Inn**, der ebenfalls zu den bevorzugten Orten der oben genannte vier Herren zählte.

Bc2

Nahe dem Zentrum liegt in den Rougemont Gardens die Ruine von **Rougemont Castle**, das Wilhelm der Eroberer errichten ließ, um die aufmüpfigen Bürger von Exeter besser unter Kontrolle zu haben. Das **Royal Albert Memorial Museum & Art Gallery** (Queen Street, Mo–Sa 10–17 Uhr) zeigt Exponate von prähistorischer Zeit bis heute, darunter viele römische Artefakte und ein rekonstruiertes Stadthaus aus dem 16. Jh.

Ac2

Ac3

**Tourist Information**
Civic Centre, Dix's Field, Exeter (Devon)
© (013 92) 26 57 00, www.exeter.gov.uk

Ac2

**Lamb's**
Lower North Street, Exeter, © (013 92) 25 42 69
Das beste Restaurant der Stadt in einem alten Haus aus dem 18. Jh. Der Küchenchef räuchert eigenhändig Fisch, backt eigenes Brot und macht auch die Nudeln selbst.

Ac2

**Imperial**
New North Road (off A 377), Exeter
Gemütliche Kneipe in einem ehemaligen Wohnhaus von 1801 (Gerichte zur Lunch- und Dinner-Zeit) inmitten eines 2,5 ha großen Parks mit vielen Picknickmöglichkeiten.

*Die wunderschöne Fassade der Kathedrale von Exeter*

*Weit dehnt sich die unter Naturschutz stehende Landschaft des Exmoor*

## Exmoor

Rund 700 km² groß ist die **Wald-, Heide- und Moorlandschaft**, die im Norden an der Küste von Devon endet und unter Naturschutz steht. Ausgangspunkt für Wanderungen könnte das Örtchen **Exford** im geographischen Zentrum sein mit kleinen reetgedeckten Häusern und dem efeubewachsenen Pub **White Hart Inn**, in dessen Garten am Ufer des River Exe man gemütlich sitzen kann (www.visit-exmoor.info).

D/E 5–7

Rund 250 Vogelarten haben die Ornithologen gezählt, über 100 nisten auch im Nationalpark, darunter viele vom Aussterben bedrohte Vögel wie die Schleiereule oder der farbenprächtige Eisvogel. 900 verschiedene Baumarten, Blumen und Gräser haben die Biologen der Exmoor Natural History Society gefunden. Halbwilde Ponys grasen auf den Wiesen, und scheues Rotwild durchstreift die ausgedehnten Wälder.

Vom 519 m hohen **Dunkery Beacon**, der höchsten Erhebung des Nationalparks nördlich von Exford, hat man bei klarem Wetter eine gute Aussicht. Südlich von Exford führen die **Tarr Steps**, eine 55 m lange Steinplattenbrücke, die sehr wahrscheinlich aus der Bronzezeit stammt, über den flachen River Barle. Nordöstlich davon liegt der Weiler **Winsford**, durchzogen von etlichen flachen Bächen, mit blumengeschmückten, reetgedeckten Cottages, einem alten Marktkreuz und dem strohgedeckten Pub Royal Oak.

E6

**Exmoor National Park Authority**
Exmoor House, Dulverton (Somerset)
✆ (013 98) 32 36 65
www.exmoor-nationalpark.gov.uk

J2

## Falmouth

Auf einem Hügel oberhalb des Ortszentrums liegt **Pendennis Castle** und bewacht seit 1546 die Einfahrt in den Hafen (Ostern–Sept. tägl. 10–18 Uhr, Okt.– Ostern Di–So 10–16 Uhr). Am Custom House Quay am Hafen findet sich **The King's Pipe**, ein hoher Kamin, in dem die Zöllner früher Schmuggelware verbrannten. Am Hafen macht das 2003 eingeweihte **National Maritime Museum** mit allen Aspekten der britischen Seefahrt bekannt (www.nmmc.co.uk, tägl. 10–17 Uhr).

**Tourist Information**
28 Killigrew St., Prince of Wales Pier
Falmouth (Cornwall), © (013 26) 31 23 00

**Quaside**
41 Arwenack Street, am georgianischen Bürohäuschen des Hafenmeisters, Falmouth
Äußerst beliebte Hafenkneipe mit vielen guten Bieren aus der Handpumpe, im Frühjahr und im Herbst gibt es jeweils ein Bierfestival, im ersten Stock die Lounge Bar mit Armsesseln und Sofas sowie einem schönen Ausblick über den Hafen.

Glastonbury

E9

## Glastonbury

Das 5000-Einwohner-Ort ist **Treffpunkt der Esoteriker,** denn gleich zwei legendäre Ereignisse sollen sich hier zugetragen haben. Joseph von Arimathäa, der Jesus vom Kreuz genommen und begraben hat, soll sich einige Jahre nach diesem Ereignis aufgemacht haben, um

*Vor ihrer Zerstörung war die Abteikirche von Glastonbury eine der größten im Inselreich*

in England zu missionieren. Bei sich trug er den Kelch, aus dem Jesus und seine Jünger beim letzten Abendmahl getrunken hatten. Am Weihnachtstag des Jahres 60 erreichte er Glastonbury Tor, einen weithin sichtbaren Hügel in der Ebene, dort stieß er seinen Wanderstab in den Boden und vergrub den heiligen Gral. Aus dem Wanderstock wuchs eine Weißdornhecke, deren Ableger auf dem Abteigelände in Glastonbury bis heute angeblich jedes Jahr Weihnachten zu blühen beginnen, und dort, wo Joseph den heiligen Gral vergraben hatte, sprudelte fortan eine Quelle, die **Bloody Spring**.

*Schon von weitem sichtbar: der magische Glastonbury Tor – ein mit einem Kirchenstumpf besetzter Hügel*

Glastonbury soll aber auch das **Avalon von König Artus** sein, denn angeblich haben Mönche des Klosters um 1191 die sterblichen Überreste des legendären Königs und seiner Frau Guinevere gefunden. 1278 wurde die beiden in einem prachtvollen Schrein in der Abtei von Glastonbury erneut zur Ruhe gebettet, und das Kloster avancierte damit zu einer bedeutenden Pilgerstätte.

Als historisch gesichert gilt jedoch nur, dass die angelsächsische Königin Ina von Wessex Anfang des 8. Jh. hier ein **Kloster** errichten ließ, das 1184 abbrannte. Ein Wiederaufbau wurde zügig vorgenommen, und die neue Abteikirche geriet mit 180 m Länge zu einem der größten Gotteshäuser im Inselreich. Im Zuge der Reformation durch Heinrich VII. fiel sie Bilderstürmern zum Opfer. Die heutigen Ruinenreste sind noch immer recht eindrucksvoll, und die Stelle, an der einmal der Schrein von König Artus und seiner Frau gestanden haben soll, ist markiert (www.glastonburyabbey.com).

**Tourist Information**
The Tribunal, 9 High Street, Glastonbury (Somerset), © (015 48) 83 29 54
www.glastonbury.co.uk

E9

Auf dem Ruinenareal macht das **Somerset Rural Life Museum** mit dem bäuerlichen Leben in früheren Zeiten bekannt (April–Okt. Di–Fr 10–17, Sa/So 14–18, Nov.–März Di–Sa 10–17 Uhr).

In der High Street zeigt ein kleines Heimatmuseum im alten Gerichtsgebäude **The Tribunal** archäologische Funde eines eisenzeitlichen Seedorfes, das 1892 in der Nähe von Glastonbury ausgegraben wurde (April–Sept. Mo–Fr, So 10–17, Sa 10–17.30, Okt.–März Mo–Fr, So 10–16, Sa 10–16.30 Uhr).

Ebenfalls in der High Street ist **Glastonbury Experience** die erste Adresse für Esoteriker; die University of Avalon führt hier unter anderem spirituelle Seminare durch.

F17

## Hastings und Battle

In Hastings ging 1066 Wilhelm der Eroberer an Land, und zwar – so heißt es in der Stadt – dort, wo heute der Vergnügungspier weit ins Meer reicht. In Wahrheit landete Wilhelm an der Pevensey Bay, einige Kilometer westlich kurz vor Eastbourne, machte aber Hastings zu seinem Hauptquartier.

Theodor Fontane dichtete auf seiner zweiten Englandreise recht lapidar über das Ereignis: »Die Klippe von Hastings, wohl war sie steil, /und das Meer, wohl hat es gebrandet – /Vergebens die Brandung, vergebens der Stein, /Herzog Wilhelm ist gelandet.

**Tourist Information**
The Stade, Old Town, Hastings (East Sussex)
© (014 24) 78 11 11, www.visithastings.com

Drei Ausstellungsgebäude informieren über Meer und Seefahrt: das **Fishermen's Museum,** das **Shipwreck Heritage Centre** und das **Sea Life Centre** (alle Rock-a-Nore Street, Ostern–Okt. tägl. 10.30–17 Uhr). Hier führt auch eine **Kabinenbahn** aus viktorianischer Zeit steil den Felsen West Hill hoch, auf dem sich Wilhelm sofort nach der Eroberung eine erste Burganlage bauen ließ. **The 1066 Story** macht hier mit der Geschichte der normannischen Invasion bekannt (Ostern–Sept. 10–17, Okt. 11–16 Uhr).

*Weit ragt der Pier von Hastings ins Meer*

**Ausflug:**

10 km nördlich von Hastings liegt das kleine Örtchen **Battle**, das tatsächlich nach der Schlacht bezeichnet wurde, die hier 1066 zwischen den Heeren des normannischen Wilhelm und des englischen Harold geschlagen wurde. Harold hatte seine 7000 Recken in einem Gewaltmarsch vom nordenglischen York gen Süden geführt und strategisch günstig auf einem Hügelkamm plaziert. 550 m lang war seine Schlachtreihe. Den ganzen Tag berannten die Normannen den Hügel, konnten jedoch immer wieder von den Bogenschützen und Schwertkämpfern zurückgeschlagen werden. Da half nur noch eine Kriegslist! Die Normannen schützten nach einem erneut fehlgeschlagenen Angriff eine wilde Flucht vor, die Engländer – in der Gewissheit des Sieges – verließen ihre günstige Position und setzten den vermeintlich flüchtenden Normannen nach. Die aber formierten sich schnell neu, trieben einen Keil ins gegnerische Heer, töteten König Harold und siegten in der Schlacht.

*Nach der gewonnenen Schlacht 1066 gegen Harold ließ Wilhelm Battle Abbey errichten*

E17

Dort, wo einst der Kampf tobte, befindet sich heute die eindrucksvolle Ruinenstätte von **Battle Abbey**. Sollte er siegreich sein, so hatte Wilhelm geschworen, würde er ein Kloster errichten. 1094 wurde die Abteikirche geweiht, der Altar markiert den Ort, wo Harold erschlagen zu Boden fiel. Während der Reformation wurde die große Anlage geschleift.

*König Harold auf dem Teppich von Bayeux (Ausschnitt)*

**Tourist Information**
88 High Street, Battle (East Sussex)
© (014 24) 77 37 21

D16

## Hever Castle

1507 wurde **Anne Boleyn**, die zweite Frau von Heinrich VIII. und Mutter der späteren Königin Elisabeth I., auf Hever Castle, einige Kilometer westlich von Tonbridge, geboren. 1903 kaufte der reiche Amerikaner William Waldorf Astor das Tudor-Schlösschen und ließ es umfangreich renovieren und den modernen Zeiten anpassen. Da es für seine Bedürfnisse zu klein war, plante er hinter dem Schloss ein Tudor Village, eine Reihe von Cottages, die ihn mit weit über 100 zusätzlichen Zimmer versorgten. Jedes Häuschen bekam ein individuelles Aussehen, so dass dem Betrachter eine mittelalterliche, scheinbar natürlich gewachsene Siedlung vorgegaukelt wird. Trotzdem kann man sich bei der Besichtigung von Hever Castle adliges Leben in der Zeit von Heinrich VIII. ganz gut vorstellen. Nicht versäumen sollte man einen Spaziergang im italienischen Garten und eine Ruhepause in der Loggia am See, während die Kinder sicher Spaß an dem **Heckenlabyrinth** haben (✆ 017 32-86 52 24, www.hever-castle.co.uk, April–Okt. tägl. 12–18 Uhr).

F10/11

## Kingston Lacy

Einige Kilometer nordwestlich von Bournemouth findet sich an der B 3082 zwischen den Städtchen Wimborne Minster und Blandford dieser prachtvolle Palast. 1786 wurde hier William John Bankes geboren. Der junge Adelsspross studierte zusammen mit Lord Byron in Cambridge und unternahm danach die übliche Kavalierstour nach Spanien, Italien, Griechenland, Ägypten, Libanon, Syrien und Jordanien. Von dieser rund ein Jahrzehnt dauernden Reise brachte Bankes ungeheure Kunstschätze mit, für deren Präsentation er Kingston Lacy umbauen und erweitern ließ. Als das Haus 1841 fertig war, musste Bankes nach Italien fliehen, da seine homosexuellen Kontakte bekannt geworden waren.

*Geburtsort von Anne Boleyn: Hever Castle*

*Garten bei Kingston Lacy*

In seinem Exil sammelte Bankes weiter Gemälde und Skulpturen und schickte diese seinem Bruder, der das Anwesen für ihn verwaltete. 1855 starb er in Venedig, ohne sein prachtvolles Haus und seine Sammlung je wiedergesehen zu haben. 1981 fiel Kingston Lacy an den National Trust, es war die größte und bedeutendste Schenkung, die die Stiftung je erhalten hat (Wimborne Minster, ✆ 012 02-88 34 02, April–Okt. Mi–So 11–16 Uhr).

## Knole

D16

Elisabeth I. schenkte Knole 1566 ihrem Cousin Thomas Sackville, und in den folgenden Jahrhunderten baute jede neue Generation an und um. Angeblich liegt dem Haus eine astronomische Zählweise zugrunde: So gibt es sieben Innenhöfe, 52 Treppen und 365 Räume. Hier erblickte am 9.3.1892 die Schriftstellerin Vita Sackville-West das Licht der Welt. Knole liegt östlich von Sevenoaks und ist vom Stadtzentrum ausgeschildert (Seven Oaks, ✆ 017 32-46 21 00, April–Okt. tägl. 12–16 Uhr).

## Lacock

C10

Das pittoreske, uralte Dörfchen mit den niedrigen Fachwerk-Cottages ist vor allem für Hobby-Fotografen von Interesse. Hier hat **William Henry Fox Talbot** (1800–77) fast zeitgleich mit dem Franzosen Daguerre die Fotografie erfunden. Während die Aufnahmen von Daguerre jedoch nicht kopiert werden konnten, hatte Talbot den flüchtigen Augenblick auf einer Glasplatte festgehalten, und von diesem Negativ konnten beliebig viele Abzüge gemacht werden.

In einer ehemaligen Scheune hat der National Trust ein kleines **Museum zur Fotografie** eingerichtet. Auch **Lacock Abbey**, das Heim von Talbot, ist zu besichtigen (Lacock liegt ca. 15 km nordöstlich von Bath und 3 km nördlich von Melksham an der A 350, Museum März–Okt. tägl. 11–17.30 Uhr, Lacock Abbey März–Okt. tägl. 11–17.30 Uhr).

## Land's End

Englands südwestlichster Punkt stand vor einigen Jahren zum Verkauf. Leider gelang es dem National Trust, dem bereits umliegende Küstenabschnitte gehörten, nicht, genügend Spenden für den Kauf zusammenzubekommen. So haben private Investoren den Zipfel erstanden und wollen daran natürlich verdienen. Die Eintrittsgelder für eine Familie mit zwei Kindern reißen ein beträchtliches Loch in die Urlaubskasse.

Völlig legal und kostenlos gelangt man nach Land's End, wenn man zum ca. 3 km nördlich gelegenen Weiler **Sennen Cove** fährt, dort den Sandstrand rechts liegen lässt und am Ende der Straße am Hafen parkt. Betonstufen führen hoch auf die Klippen, auf denen man am Meer entlangspaziert.

## Leeds Castle

Wenige Kilometer südöstlich der Stadt Maidstone liegt dieses Märchenschloss. Bis in die Regierungszeit von Heinrich VIII. war es königliche Residenz, dann fiel es an einen Günstling des Herrschers. 1926 kaufte die angloamerikanische Lady Baille das Wasserschloss, ließ es umfangreich restaurieren und modernisieren und öffnete es als Sehenswürdigkeit für die Öffentlichkeit. Zu

*Lacock Abbey liegt inmitten eines reizenden Dörfchens*

Leeds Castle gehören ein Golfplatz, ein Restaurant, eine Vogelvoliere, ein Weingarten und – typisch englisch skurril – ein **Hundehalsbandmuseum** (April–Okt. 11–19, Nov.–März 10.15–17 Uhr).

*An ein Märchenschloss erinnert Leeds Castle*

## Longleat

D10

Das mächtige dreistöckige Longleat südlich von Bath ist einer der bedeutendsten **Adelssitze** in Südengland. Es wurde ab 1576 erbaut und war der erste große architektonische Gesamtentwurf in der elisabethanischen Zeit. Sämtliche Räume sind prachtvoll ausgestattet. Die Bibliothek mit rund 50 000 Bänden und Folianten ist eine der wertvollsten in privatem Besitz weltweit.

Als Henry Thynne, der sechste Marquess of Bath, das riesige Anwesen 1946 erbte, waren die Erbschaftssteuern derart erdrückend, dass er sich als erster britischer Adliger entschloss, sein Haus und seinen Park gegen eine Eintrittsgebühr der Öffentlichkeit zugänglich zu machen. 20 Jahre später eröffnete der geschäftstüchtige Marquess den ersten **Safari-Park** Europas. Daneben gibt es noch eine **Mini-Eisenbahn** und mit fast 3 km Länge das größte **Heckenlabyrinth** der Welt.

**Longleat**
Ca. 20 km südöstlich von Bath zwischen den beiden Städten Frome und Warminster (Wiltshire)
✆ (019 85) 84 44 00, www.longleat.co.uk
Gebäude: tägl. 10–17 Uhr
Attraktionen: im Winter geschl.

F8

## Lyme Regis

Das kleine Lyme Regis ist ein sympathisches Küstenstädtchen mit einem kurzen Sandstrand, steil auf- und absteigenden Gassen und Straßen und einem wenig geschäftigen Hafen mit der aus dem Mittelalter stammenden **Mole The Cobh**. Für seine Bekanntheit sorgten vor allem die vielen Fossilien, die hier im Lias-Gestein der Umgebung zu finden sind. 1811 legte die erst 10-jährige Mary Anning den vollständig erhaltenen Abdruck des Skelettes eines Ichthyosaurus (Fischsaurier) frei, 17 Jahre später fand sie das Knochengerüst eines Pterodaktylus (Flugsaurier).

Das Ausstellungsgebäude **Dinosaurland** (Coombe Street, ✆ 012 97-44 35 41, www.dinosaurland.co.uk,März –Sept. tägl. 10–17 Uhr, ab hier auch geführte Exkursionen in die Umgebung) macht mit den Fossilien vertraut, und das **Lyme Regis Philpot Museum** (Bridge Street, April–Okt. Mo–Sa 10–17, So 11–17 Uhr) informiert über Geschichte und Geologie der Region.

**Tourist Information**
Guildhall Cottage, Church St., Lyme Regis (Dorset)
✆ (012 97) 44 21 38, www.lymeregistourism.co.uk

J1

## Minack Theatre

15 km südwestlich von Penzance liegt der winzige Weiler **Porthcurno** mit dem prachtvoll geschwungenen Sandstrand und dem Minack Theatre. Das Freilichttheater baute Ende der 1920er, Anfang der 1930er Jahre die damals 35-jährige Rowena Cade in den zum Meer abfallenden Hang ihres Grundstücks hinein. 1932 wurde hier zum ersten Mal Shakespeares »Der Sturm« aufgeführt. Seitdem finden jedes Jahr von Mai bis September mehrmals in der Woche Vorstellungen statt. Wenn die Sonne im Meer versinkt, die Frachtschiffe tutend in den Englischen Kanal einfahren und unten auf der Bühne »Ein Sommernachtstraum« aufgeführt wird, dann ist dies ein ganz besonderes Theatererlebnis.

**Minack Theatre**
Porthcurno, Penzance (Cornwall)
✆ (017 36) 81 01 81/471, www.minack.com
Tagesbesucher: Mitte Mai–Mitte Sept. 9.30–17.30, Mi, Fr nur 9.30–12, Mitte Sept.–Mitte Okt. tägl. 10–17, Nov.–Mitte Mai tägl. 10–16 Uhr, Theaterbesucher informieren sich über das Programm u.a. Telefonnummer.

F16

## Monk's House

1919 ersteigerten **Leonard und Virginia Woolf** ein kleines Häuschen im südenglischen Weiler Rodmell. In der Hütte hinten im Garten schrieb Virginia Woolf die meisten ihrer Romane. Das Originalmobiliar der Räume

*Das Minack-Theatre: Open-Air-Theater unweit des südlichsten Punktes der Insel*

wurde zumeist von Virginias Schwester Vanessa Bell mit Mustern verziert. 1941 nahm sich Virginia Woolf in dem nahebei fließenden River Ouse das Leben.

*Virginia Woolf (1882–1941)*

**Monk's House**
Rodmell, Lewes (East Sussex)
✆ (013 72) 45 34 01, April–Okt. Mi und Sa 14–17.30 Uhr
Anreise: Rodmell liegt einige Kilometer südlich der Verwaltungsstadt Lewes an der unklassifizierten Straße, die von Lewes nach Newhaven führt; im Ort ist Monk's House ausgeschildert.

## Montacute House

Der nach 1590 erbaute **Landsitz** wurde in den folgenden Jahrhunderten kaum umgebaut, so dass der reine elisabethanische Stil des großen Herrenhauses erhalten blieb. Größte Attraktion ist die Long Gallery, die sich über die gesamte Länge des Hauses (52 m lang und - 6,5 m breit) zieht. Je länger in jenen Tagen die Galerie, um so reicher war die Familie, und die Long Gallery von Montacute House wurde von keinem anderen Adelssitz in England übertroffen. Bei schlechtem Wetter hielten sich die männlichen Familienmitglieder hier mit ihren Gästen auf. Gemälde der London Portrait Gallery zeigen heute bedeutende Persönlichkeiten aus der elisabethanischen Ära. Montacute House liegt ca. 6 km westlich von Yeovil (✆ 019 35-82 32 89, April–Okt. tägl. außer Di 11–17 Uhr).

J1

## Mousehole

Man ist geneigt, an ein Mauseloch zu denken und den Namen des cornischen Fischerdörfchens auch so auszusprechen, doch das ist falsch – Mousehole wird *Mousel* gesprochen. Viele jahrhundertealte Häuser, ein Hafenbecken, in dem die Boote bei Ebbe im Schlick liegen, enge katzenkopfgepflasterte Straßen und die fast 500 Jahre alte Fischertaverne **Ship Inn** sind die Attraktion des Weilers.

H2

## Newquay

Newquay ist ein lärmiges Seebad mit Rummelatmosphäre, besitzt allerdings zehn lange Sandstrände, an die relativ hoch die Atlantikwellen anbranden. Deshalb gilt das Städtchen auch als das Mekka der Surfer. Mehrmals wurden am Fistral Beach sogar die World Surfing Championships ausgetragen.

**Tourist Information**
Municipal Offices, Marcus Hill, Newquay (Cornwall), ✆ (01637) 85 40 20, www.newquay.co.uk

G3

## Padstow

In dem urigen, winzigen, ehemaligen cornischen Fischernest gruppieren sich viele kleine Restaurants, Cafés und Pubs um das innere Hafenbecken. Ein *tidal gate*, ein Schleusentor, hält bei Ebbe das Hafenwasser zurück, damit die Bötchen nicht platt im Schlick liegen. An Sommerwochenenden ist das Dorf ein beliebtes Ziel der Tagesausflügler.

In ganz England bekannt ist das **Seafood Restaurant** von Rick Stein am Riverside (✆ 018 41-53 27 00), das seit mehr als 15 Jahren zu den besten Lokalen des gesamten Inselreiches zählt. Gegen so eine Reputation lässt sich schwerlich ankochen, doch Elaine und Mike Meredith wollen dies in ihrem sehr gemütlichen **Bistro Margot Thomas** (11 Duke Street, ✆ 018 41-53 34 41) wohl auch gar nicht. Es gibt hier leckere mediterrane und ostasiatische Gerichte mit einer kurzen, aber guten Weinkarte.

J1

## Penzance

Mit dem Endpunkt der Eisenbahn, dem Hubschrauberterminal und dem Fährhafen für die Isles of Scilly ist

Penzance ein wichtiger Verkehrsknotenpunkt in Cornwall. In Chapel Street ist ein englischer *folly* zu besichtigen, das **Ägyptische Haus**, das 1835, als alles Orientalische groß in Mode war, erbaut wurde. Hier finden sich sämtliche altägyptischen Stilvorlagen: Papyrusbündelsäulen, Osirispfeiler, Hohlkehlen, Mumienfiguren und vieles mehr.

**Tourist Information**
Station Road, Penzance (Cornwall)
© (017 36) 36 22 07
www.penzance.co.uk

**Harris**
46 New Street, Penzance
© (017 36) 36 44 08
Das beste Haus der Stadt, Meeresfrüchte, Fleisch- und Wildgerichte stehen auf der Speisekarte, alles ist frisch und aus frischen Zutaten zubereitet.

*Das Ägyptische Haus in der Chapel Street von Penzance – ein Meisterstück englischer Exzentrik*

## Petworth House

E14

Einer der bedeutendsten **Adelssitze** im Süden Englands und voll unschätzbarer Kunstwerke. Die Maler William Turner und Joshua Reynolds besaßen hier auf Einladung des 3. Earl of Egremont zeitweise ihre Ateliers. Über 400 Gemälde bedeutender flämischer, italienischer und britischer Meister und mehr als 100 Skulpturen schmücken die Zimmer.

Die besonderen Attraktionen im Haus sind die **North Gallery** mit dem Turner Room – der so genannte Museumsflügel –, der **Carved Room** mit Holzschnitzereien des Künstlers Grinlin Gibbons und **The Grand Staircase**, das an Wänden und Decke prachtvolle barocke Wandmalereien zeigt. Den ausgedehnten **Park** schuf das Landschaftsparkgenie Capability Brown.

**Petworth House and Park**
Petworth (West Sussex)
© (017 98) 34 22 07
petworth@nationaltrust.org.uk
Haus April–Okt. tägl. außer Do/Fr 11–17 Uhr, Park ganzjährig von 8 Uhr bis zum Einbruch der Dunkelheit
Anreise: Petworth House liegt im Weiler Petworth, ca. 15 km nordöstlich von Chichester, erreichbar über die A 285. Der nächste Bahnhof befindet sich in Pulborough, etwa 5,5 Meilen entfernt.

## Plymouth

Plymouth wurde im Zweiten Weltkrieg stark zerstört, und lediglich im alten Hafenviertel Barbican findet man noch ein wenig Seefahrerromantik. Von Plymouth lief 1588 die englische Flotte aus, um sich der spanischen Armada zu stellen. Auf dem grünen Hügel **The Hoe** findet man die Figur von Sir Francis Drake, das Armada- und das Kriegerdenkmal. Hier ragt auch der rotweißgeringelte **Smeaton's Tower** in den Himmel. Der nach seinem Erbauer benannte Leuchtturm war einer der ersten an der englischen Küste, und er sicherte einmal den Plymouth-Sund. Von seiner Plattform hat man schöne Blicke über den Hafen.

Im **Plymouth Dome** am Fuße von The Hoe kann man mittels einer audiovisuellen Show die bewegte Vergangenheit der Stadt erleben (tägl. 10–17 Uhr). Im Barbican-Hafenviertel erinnern die **Mayflower-Steps** daran, dass die Pilgerväter an dieser Stelle die Leinen lösten und auf ihrem Schiff in die neue Welt segelten.

In der katzenkopfgepflasterten New Street findet man eine Reihe von jahrhundertealten Fachwerkhäusern, das **Elizabethan House**, ehemals das Heim eines Kapitäns aus der Zeit von Königin Elisabeth I. (Ostern–Sept. Di–Sa 10–13 und 14–17.30 Uhr). Das kleine Museum im **Merchant's House** (33 St. Andrew Street, April–Sept. tägl. 10–17 Uhr) macht mit der Geschichte der Stadt vertraut.

**Tourist Information**
Mayflower Centre, 3–5 Barbican
Plymouth (Devon)
✆ (017 52) 30 48 49, www.visitplymouth.co.uk

**National Marine Aquarium**
Rope Walk, Coxside, Plymouth
www.national-aquarium.co.uk
April–Okt. tägl. 10–18, Nov.–März tägl. 10–17 Uhr

*Plymouth: im Hintergrund der Plymouth Dome*

*Die Küste Cornwalls bei Polperro*

Unübersehbar ist am Hafen das Aquarium, das zu allen Aspekten der Unterwasserwelt Auskunft gibt.

**Chez Nous**
13 Frankfort Gate, © (017 52) 26 67 93
Ein exzellentes Restaurant mit feiner französischer und mediterraner Küche.

## Polperro

Das winzige *historic fishing village* zeigt, wie ein typisches cornisches Fischerdorf ausgesehen hat. Die Straßen sind eng und holprig, am winzigen Hafen liegen bei Ebbe die Boote im Schlick, und die beiden 400 Jahre alten Pubs **The Pilchard Inn** und **Blue Peter** vermitteln die Atmosphäre von alten Fischerkneipen. Während der Hauptsaison ist das pittoreske Örtchen von Besuchermassen völlig überlaufen.

## Portsmouth

Der seit vielen Jahrhunderten wichtigste britische Marinehafen hatte im Zweiten Weltkrieg unter starken Bombenangriffen zu leiden; historische Bausubstanz ist daher kaum noch zu finden.

Die bedeutendste Attraktion ist der **Historic Dockyard** (April–Okt. tägl. 10–18, Nov.–März tägl. 10–17.30 Uhr). Hier liegt die jederzeit segeltüchtige HMS »Victory« vor Anker, das Flaggschiff von Admiral Nelson. Das Marinegenie kommandierte von diesem Segler aus seine Schiffe in der siegreichen Schlacht von Trafalgar 1805. Die HMS »Warrior« wurde 1860 in Dienst gestellt und war das erste gepanzerte Schlachtschiff der britischen Marine. In einer klimatisierten Halle und unter ständigem Tröpfchenregen liegen die 1982 gehobene Reste der »Mary Rose«. Der Stolz von Heinrich VIII. sank 1545 schon auf der Jungfernfahrt und in Sichtweite des Hafens.

*Die HMS »Victory« – das Flaggschiff von Admiral Nelson liegt in Portsmouth vor Anker*

Viele interessante Ausrüstungsgegenstände der »Mary Rose« finden sich in einer Ausstellungshalle nahe der »Warrior«. Weniger spannend hingegen ist das **Royal Naval Museum** mit einer Sammlung von Galionsfiguren und Nelson-Memorabilien. Da Portsmouth Ausgangspunkt für die Invasion 1944 in der Normandie war, informiert das **D-Day Museum** über die Ereignisse (Clarence Esplanade im Stadtteil Southsea, ✆ 023-92 82 72 61, www.ddaymuseum.co.uk, April–Okt. tägl. 10–17.30, Nov.–März tägl. 10–17 Uhr).

*Charles Dickens (1812–70)*

**Tourist Information**
The Hard, Portsmouth (Hampshire)
✆ (023) 92 82 67 22, www.visitportsmouth.co.uk

**Charles Dickens Birthplace Museum**
393 Comercial Road, Portsmouth
✆ (023) 92 82 72 61
www.charlesdickensbirthplace.co.uk
Mitte April–Sept. tägl. 10–17 Uhr
Portsmouth besitzt eine zivile Sehenswürdigkeit, nämlich das Geburtshaus von Charles Dickens.

## Rye und Winchelsea

Rye ist eine äußerst sympathische Kleinstadt mit alten Straßen und blumengeschmückten Gemäuern. In der hügelansteigenden Mermaid Street mit ihren alten Fachwerhäusern rechts und links ist der wildrosenbewachsene Pub **The Mermaid Inn** von 1420 eines der ältesten Gebäude. In der Market Street befindet sich in einem Fachwerkhaus aus dem 15. Jh. heute das gute Seafood Restaurant **Flushing Inn**.

In **Lamb's House** (West Street) schrieb der amerikanischstämmige Romancier Henry James von 1898 bis zu seinem Tod 1916 seine späten Meisterwerke (April–

Okt. Mi und Sa 14–18 Uhr). Die **Pfarrkirche St. Mary's** besitzt eine der ältesten Turmuhren im Inselreich; seit 1561 vermeldet der Chronometer die Zeit. Im nördlichen Seitenschiff stammt eines der Fenster von dem Designer und Schriftsteller William Morris (in Zusammenarbeit mit dem präraffaelitischen Maler Edward Burne-Jones).

*Der Aushänger des Pub »The Mermaid Inn« in Rye*

**Tourist Information**
The Heritage Centre, Strand Quay, Rye (Sussex)
✆ (017 97) 22 66 96
www.rye-tourism.co.uk

**Landgate Bistro**
5 Landgate, Rye
✆ (017 97) 22 28 29
Britische Küche in mediterran-französischer Verfeinerung.

**Ausflug:**

Wenige Kilometer südwestlich von Rye liegt das Örtchen **Winchelsea**, das im 11. und 12. Jh. zu den bedeutendsten Häfen Englands zählte und durch den Import von Bordeaux-Weinen zu großem Reichtum gelangte. Doch durch die Jahrhundertsturmflut 1297 wurde der Ort vollständig zerstört. Unverzüglich ordnete Eduard I. einen Neubau an, ließ als Zentrum der neuen Stadt ein gewaltiges Gotteshaus planen, umgeben von Häusern auf einem rechtwinkligen, schachbrettartigen Straßenplan. Die Arbeiten begannen, doch versandete der Hafen, die Planungen wurden eingestellt und der Niedergang des einst so mächtigen Winchelsea begann.

Heute präsentiert sich der nette Ort als luftig angelegte Siedlung, es gibt keine Reihenhäuser, die alten, mit Schieferschindeln verkleideten Häuser stehen auf Einzelgrundstücken, sind mit Rosensträuchern und Efeu geschmückt, umgeben von Bäumen und Büschen. Mit ca. 500 Einwohnern ist Winchelsea Großbritanniens kleinste Stadt.

E18

*Die Kathedrale von Salisbury ist die höchste Englands; hier befindet sich auch ein Original der Magna Charta*

## Salisbury

E11

Eine der schönsten Städte Südenglands, und die **Kathedrale** gehört zu den eindrucksvollsten Gotteshäusern des Inselreiches. 1220 begannen die Arbeiten, 1315 war dann auch der 120 m hohe Vierungsturm fertig. Dieser Turm hält die Architekten bis heute auf Trab, denn die Statik war nie für einen derart hohen Turm ausgelegt. So sieht man deutlich, dass sich die vier steinernen Hauptsäulen der Vierung unter dem Gewicht gebogen haben. Scherenbogen und weitere Stützbogen mussten angebracht und das hölzerne Deckengewölbe des Chors durch ein massives aus Stein ersetzt werden. Im **Kapitelhaus** der Kathedrale hängt ein Original der **Magna Charta** von 1215 (www.salis burycathedral.org. uk).

Im King's House an der Domfreiheit informiert das **Salisbury & Wiltshire Museum** über die Geschichte der Region und macht auch mit den rätselhaften Steinsetzungen von Stonehenge vertraut (Mo–Sa 10–17 Uhr). Im nördlichen Teil des **Cathedral Close** zeigt das aus dem 18. Jh. datierende **Mompesson House** die Wohnbedingungen einer gehobenen Bürgerfamilie (April–Okt. tägl. außer Do/Fr 11–17 Uhr). Um die Ecke vom Marktplatz ist das mächtige Marktkreuz **Poultry Cross** ein beliebter Treffpunkt.

**Tourist Information**
Fish Row, Salisbury (Wiltshire)
✆ (017 22) 33 49 56
www.visitsalisbury.com

**Ausflüge:**

D11

15 km nördlich von Salisbury ragt der mächtige steinerne Ring von **Stonehenge** auf, dessen älteste Teile auf das Neolithikum zurückgehen. Der Zweck der Anlage liegt im Dunkeln, aber sehr wahrscheinlich diente der riesige Kreis zur Berechnung von Sonnenaufgang und -untergang, zur Feststellung der Tag-und-Nacht-Gleiche und zur Berechnung einer Mondfinsternis (www.stonehenge.co.uk, Mitte März–Ende Mai, Sept.–Mitte Okt. 9.30–18, Mitte Okt.–Mitte März 9.30–16, Juni–Aug. 9–19 Uhr).

Ca. 30 km nördlich von Stonehenge durchschneidet der größte Steinkreis Europas das Dörfchen

*Die prähistorische Kultstätte Stonehenge zählt seit 1986 (mit Avebury) zum UNESCO-Weltkulturerbe*

*Reizvoll gelegen ist dieses Farmhaus bei St. Ives*

C11

**Avebury**. Die so genannten *Sarsen Stones*, Sandsteinblöcke von 50 t Gewicht, bilden einen steinernen Ring von 300 m Durchmesser, in dessen Mitte sich zwei weitere kleinere Kreise befinden. Die ganze Anlage ist von einem Erdwall und einem Graben umgeben. Auch hier kennen die Archäologen den genauen Zweck des Arrangements nicht (nahe Marlborough, ganzjährig zugänglich).

J1

## St. Ives

St. Ives ist das kulturelle und touristische Zentrum Cornwalls und hat sich in den letzten hundert Jahren von einem Fischernest zu einer gern besuchten Künstlerkolonie gewandelt. Die Werke der in St. Ives arbeitenden Maler und Bildhauer dokumentiert die 1993 eingeweihte Dependance der Londoner **Tate Gallery** am Porthmeor Beach (www.tate.org.uk/stives, Juni–Aug. März–Okt. tägl. 10–17.20, Nov.–Febr. Di–So 10–16.20 Uhr).

Diese Eintrittskarte ist auch gültig für das **Atelier von Barbara Hepworth** (Back Street). Von 1949–75 lebte und arbeitete die große Bildhauerin hier an ihren heute in aller Welt verstreuten Werken; 1975 kam sie bei einem Studiobrand ums Leben. Das Atelier mit den Werkzeugen und den vielen halbfertigen Arbeiten vermittelt den Eindruck, als wäre die Künstlerin nur mal eben vor die Tür gegangen und würde jeden Augenblick wiederkommen. In dem kleinen, palmenbewachsenen Garten stehen 22 große Skulpturen von Barbara Hepworth. Um das Anwesen haben sich einige Galerien angesiedelt.

i **Tourist Information**
Guildhall, St. Ives (Cornwell)

✆ (017 36) 79 62 97
www.stives-cornwall.co.uk

**The Seafood Café**
45 Fore Street, St. Ives
✆ (017 36) 79 40 04
Gute und reichliche Auswahl an fangfrischen Meeresfrüchten.

**The Sloop Inn**
Quayside, am Hafen, St. Ives
Sehr stimmungsvolle Fischerkneipe, eine der ältesten Tavernen von Cornwall aus dem Jahr 1312.

## St. Michael's Mount

Das englische Gegenstück zum französischen Mont St. Michel. Nachdem Wilhelm der Eroberer 1066 in England einmarschiert war, überließ er den bretonischen Benediktiner-Mönchen von Mont St. Michel den Burgberg, und die begannen ab 1135 mit der Bebauung. St. Michael's Mount wurde eine bedeutende Pilgerstation des irisch-schottisch-englischen Wallfahrtsweges bis hin nach Santiago de Compostela. Heinrich VIII. ließ nach der Loslösung von Rom auf dem Burghügel eine Fest-

*Pause in der Künstlerkolonie St. Ives*

ung errichten. Mitte des 17. Jh. fiel die Felseninsel an die Familie St. Aubyn, die sich hier einen eleganten Landsitz anlegen ließ. Seit 1954 ist das Burgeiland im Besitz des National Trust. Bei Ebbe spaziert man auf einem Steindamm zur Burginsel hinüber, bei Flut ist der Besucher auf Boote angewiesen.

**St. Michael's Mount**
Marazion, nahe Penzance (Cornwall)
✆ (017 36) 71 05 07, www.stmichaelsmount.co.uk
April–Okt. tägl. außer Sa 10.30–17.30 Uhr
Bitte denken Sie an bequemes Schuhwerk. Hunde in der Hauptsaison nicht erlaubt.

**Seven Sisters**
Vgl. Eastbourne, S. 27.

## Sissinghurst

D17

Der mit Abstand **schönste Garten Englands** wurde ab 1930 von der Schriftstellerin Vita Sackville-West und ihrem Mann, dem Sachbuchautor Harold Nicolson, angelegt.

In dem hohen elisabethanischen Turm kann man einen Blick in das Arbeitszimmer von **Vita Sackville-West** werfen, und im nördlichen Teil des langen Wohngebäudes die große Bibliothek des Paares besichtigen. Im Priest House waren die Küche und die Zimmer der beiden Söhne untergebracht, und im South Cottage, dem zweiten Häuschen im Garten, schrieb Harold Nicolson seine Sachbücher und Zeitungsartikel.

In den Darrehäusern außerhalb des Gartenareals ist eine Ausstellung über Sissinghurst und die Beziehung von Virginia Woolf zu Vita Sackville-West untergebracht.

*St. Michael's Mount war einst eine bedeutende Pilgerstätte*

*Im Garten von Sissinghurst* ▷

**Sissinghurst Castle Garden**
Sissinghurst, nahe Cranbrook (Kent)
✆ (015 80) 71 07 00
sissinghurst@nationaltrust.org.uk
Mitte März–Okt. tägl. außer Mi/Do 11–18.30 Uhr
Beste Besuchszeit ist der späte Nachmittag
Anreise: Sissinghurst liegt ca. 20 km westlich von Tunbridge Wells und ist über die südlich verlaufende A 21 und dann über die gen Westen abgehende A 262 hinter dem Weiler Sissinghurst zu erreichen.

**Rankins Restaurant**
The Street, Sissinghurst
✆ (015 80) 71 39 64
Seinen Hunger kann man nach der Besichtigung des Gartens im Dörfchen Sissinghurst auf das Angenehmste mit außerordentlich leckeren Gerichten stillen.

## Stonehenge

Vgl. Salisbury, S. 47.

E10

## Stourhead

Der wunderschöne **Landschaftspark** von Stourhead, 1741–80 von Henry Hoare II. angelegt, ist weltweit zum Inbegriff des englischen Gartens geworden. Den durch den River Stour künstlich aufgestauten See kann man auf einem knapp 4 km langen Weg umrunden und hat dabei immer wieder neue und überraschende Ausblicke. Da trifft man auf ein gotisches Cottage am Ufer, spaziert durch eine Grotte, durch die der River Stour plätschert, und sieht hier die Figuren der schlafenden Ariadne und den Flussgott und seine Nymphen, passiert weiter den Tempel der Flora mit den Figuren von Marc Aurel und Alexander dem Großen, geht vorbei an einem Obelisken, wenig später an einem gotischen

*Die Spitzen der Hopfenspeicher leuchten weiß in Sissinghurst*

Marktkreuz, überquert das Wasser auf einer Kopie der Brücke von Vicenca, sieht oben auf einem Hügel den weißen Tempel des Apollo durch die Bäume schimmern und erreicht schließlich das Pantheon mit dem sechssäuligen Portikus und einer großen Flachkuppel, in dem die Figuren von Herkules, Diana, Flora und Isis stehen.

In **Stourhead House** überrascht vor allem die lichtdurchflutete Bibliothek mit den idyllisierenden Male-

*Im Landschaftspark von Stourhead*

reien, einer gewölbten Kassettendecke, mit in die Wände eingelassenen Regalen und Chippendale-Mobiliar.

**Stourhead**
Stourhead Estate Office, Stourton
Warminster (Wiltshire)
✆ (017 47) 84 20 30, stourhead@nationaltrust.org.uk
Garten tägl. 9–19 Uhr, im Winter bis Sonnenuntergang,
Haus Mitte März–Okt. tägl. außer Mi/Do 11.30–16.30 Uhr

*Torquay will die englische Riviera sein*

G/H 6/7

## Torquay

Die Stadt bezeichnet sich selbst als »englische Riviera«, weil hier dank des Golfstroms üppig die Palmen wachsen. In der Marina liegen Hunderte von Yachten vor Anker, die Strände sind breit, lang und sandig, und abends schmücken bunte Lichterketten die Innenstadt. Läden und Geschäfte aller Art finden sich rechts und links der Fleet Street.

**Tourist Information**
Vaughan Parade, Torquay (Devon)
✆ (08 70) 701 00 10
www.theenglishriviera.co.uk
www.torquay.com

H7

Einige Kilometer südlich von Torquay liegt das dörflicher wirkende **Brixham**, aus dessen Hafen noch immer die Fischerboote zum Fang auslaufen. Im Hafenbecken liegt ein originalgetreuer Nachbau der »Golden Hind«, mit der Sir Francis Drake 1577 zur seiner Weltumsegelung in See stach und erst drei Jahre später wieder heimkehrte.

**Table**
135 Babbacombe Road, Torquay
✆ (018 03) 32 42 92
Sehr gute Fisch-, Fleisch- und Geflügelgerichte.

D9

## Wells

Seinen Namen hat das sympathische Kathedralstädtchen von den Quellen bekommen, deren Wasser auch heute noch durch die Rinnsteine der Straßen fließen.

Um 1180 begann der Bau der **Kathedrale**, die im großen und ganzen 1470 fertig gestellt werden konnte und weithin für ihre wunderbaren Vierungsbogen berühmt ist. Nach Fertigstellung des zentralen Turms drohte dieser die Vierungspfeiler auseinanderzudrücken, und so zogen die Baumeister in der Vierung einen Spitzbogen ein, denen ein zweiter Spitzbogen umgekehrt aufgesetzt wurde. Diese harmonischen und ästhetisch ungeheuer eleganten Scherenbögen – im englischen *inverted arches* genannt – waren zudem unter statischen Gesichtspunkten extrem belastbare Konstruktionen. Bis heute weiß man nicht, welch genialer Baumeister diese Idee hatte. Die prachtvolle Westfassade zeigt über 400 Figuren, die im 13. Jh. von den Steinmetzen geschaffen wurden (www.wellscathedral.org.uk).

Wenige Meter nördlich der Kathedrale und durch das Chain Gate hindurch gelangt der Besucher in **Vicar's Close**; hier befindet sich die älteste Reihenhausanlage der Welt, die 1348 von dem Bischof Ralph von Shrewsbury in Auftrag gegeben wurde. Bis heute

*Einmalig sind die Vierungsbögen in der Kathedrale von Wells*

wohnen hier die Lehrer der Domschule, die 909 gegründet wurde und damit zu den ältesten der Welt zählt.

Südlich der Kathedrale schließt sich der von Mauern und einem Wassergraben geschützte **Bischofspalast** an, dessen älteste Teile, wie etwa die **Great Hall**, aus dem Jahr 1230 datieren (April–Juli und Sept./Okt. Di, Do 11–18, So 14–18 Uhr; Juli/Aug. tägl. 11–18 Uhr). Im Garten des Bischofspalastes entspringen auch die namengebenden Quellen des Städtchens.

**Tourist Information**
Town Hall, Market Place, Wells (Somerset)
✆ (017 49) 67 25 52
www.wellstourism.com

**The Crown at Wells**
Market Place, Wells
Sehr atmosphärereicher Pub mit Gasthof und angeschlossenem Restaurant in einen alten Fachwerkhaus aus dem 15. Jahrhundert.

## Weymouth

Weymouth ist ein kleines, unspektakuläres Seebad mit einem 3 km langen feinen Sandstrand. Davor verläuft die Promenade, und hier erinnert ein Uhrturm an das 20-jährige Thronjubiläum von Königin Victoria. Der einstige Fischerhafen dient heute hauptsächlich den Hobbyseglern, und in die alten Speicherhäuser sind Pubs, Restaurants und Ferienwohnungen eingezogen. Vor allem Kinder werden sich hier für das **Deep Sea Adventure** interessieren, das die Unterwasserwelt dokumentiert und eine Sonderabteilung der »Titanic« gewidmet hat.

*Shopping-tour in Weymouth*

**Tourist Information**
The Esplanade, Weymouth (Dorset)
✆ (013 05) 78 57 47
www.weymouth.gov.uk

*Der prächtige Double Cube Room des Wilton House*

## Wilton House

1647 vernichtete ein Brand das ursprüngliche Herrenhaus, und der berühmte Baumeister Inigo Jones, ein Anhänger des Palladianismus, begann mit dem Bau eines neuen prachtvollen **Adelssitzes** für den Earl of Pembroke. Nach dem Tod von Jones stellte sein Neffe John Webb 1653 das Anwesen fertig.

Jede Generation der Pembrokes sammelte Gemälde, Skulpturen und vergrößerte die Bibliothek. 1737 ließ der 9. Earl die wunderschöne **palladianische Brücke** über den nah am Haus vorbeifließenden River Nadder anlegen. Das Brücklein erreichte eine solche Berühmtheit, dass es gleich von zwei weiteren Adligen jener Tage kopiert wurde.

Der 10. Earl beauftragte den bekannten Portraitisten Sir Joshua Reynold damit, die Familienmitglieder zu malen. Die beiden eindrucksvollsten Räume sind der **Single Cube Room** und der **Double Cube Room**. Ersterer hat die Maße von 30 x 30 x 30 Fuß (9 m lang, 9 m hoch, 9 m breit) und besitzt damit perfekte Proportionen. Bilder von van Dyke und Lely schmücken die Wände, das Mobiliar stammt von Chippendale, und das Deckengemälde zeigt den Flug des Ikarus. Der Double Cube Room hat die Maße 60 x 30 x 30 Fuß, ist also 18 m lang, 9 m breit und 9 m hoch.

Während des Zweiten Weltkriegs war in Wilton House eine militärische Operationsbasis untergebracht, und im Double Cube Room wurde die Invasion in der Normandie geplant.

**Wilton House**
Wilton, Salisbury (Wiltshire)
✆ (017 22) 74 67 14, www.wiltonhouse.co.uk
April–Sept. tägl. 10.30–17.30 Uhr
Wilton House liegt ca. 5 km westlich von Salisbury an der A 36.
Wilton House öffnete seine Tore 1951 für die Öffentlichkeit. Der Adelssitz diente bereits als Kulisse für einige Spielfilme wie »Sinn und Sinnlichkeit« und »Stolz und Vorurteil«. Kinder können sich auf dem Abenteuerspielplatz im Park amüsieren.

**Winchelsea**
Vgl. Rye, S. 45.

*Winchesters Great Hall: An der Tischplatte tagte angeblich König Artus' Tafelrunde*

Die Bronzestatue von König Alfred dem Großen in Winchester

Jane Austen (1775–1817) wurde in Winchester beigesetzt

## Winchester

E12 Bd2

Die herausragende Sehenswürdigkeit der äußert ansprechenden 30 000-Einwohner-Stadt ist die **Kathedrale**, mit deren Bau schon im 9. Jh. begonnen wurde. Rund 300 Jahre später wurde das Gotteshauses gotisch umgestaltet, zuerst im noch einfachen *Early English*, später dann im elaborierten *Perpendicular Style*. Im nördlichen Seitenschiff hat die sterbliche Hülle der 1817 im Alter von 42 Jahren verstorbenen Dichterin Jane Austen ihre letzte Ruhestätte gefunden.

Bd2

Das kleine **City Museum** an der der Domfreiheit (The Square, April–Okt. Mo–Sa 10–17, So 12–17, Nov.–März Di–Sa 10–16, So 12–16 Uhr) macht mit der Geschichte der Stadt vertraut. In der **Great Hall** (Castle Street, März–Okt. tägl. 10–17, Nov.–März tägl. 10–16 Uhr) hängt die Tischplatte, an der sich angeblich die legendäre Tafelrunde von König Artus niederließ.

Bd1

Die verkehrsberuhigte High Street säumen beidseitig alte Fachwerkhäuser mit noblen Geschäften; hier zeugt das reichverzierte **Butter Cross** vom Marktrecht der Stadt. Am Broadway, der Verlängerung von High Street, ragt die gewaltige **Bronzestatue von König Alfred dem Großen** auf, der im 9. Jh. regierte. In jenen Tagen war Winchester die Hauptstadt des Königreichs Wessex.

Bd2 Bd3

**Tourist Information**
Guildhall, The Broadway, Winchester (Hampshire)
✆ (019 62) 84 05 00
www.visitwinchester.co.uk

4 Service

## Anreise/Einreise

Trotz des Schengener Abkommens benötigt der Besucher bei der Einreise nach Großbritannien noch immer einen Personalausweis oder Reisepass.

Von verschiedenen südenglischen Kanal-Städten verkehren eine Reihe von **Fähren** zu deutschen, holländischen, belgischen und französischen Häfen (Infos unter: www.visitbritain.com/de). Die kürzeste Verbindung ist die zwischen Calais und Dover.

Eine Alternative zur Fähre ist der *Chunnel*, der **Kanaltunnel**. Der **Eurotunnel** befördert im 15-Minuten-Takt Passagiere mit ihren Fahrzeugen durch die unterirdische Röhre. Personen ohne Fahrzeug werden nicht mitgenommen, Fahrradfahrer nur nach Anmeldung (✆ 018 05-00 02 48, www.eurotunnel.com). Für Reisende ohne Fahrzeug besteht die Möglichkeit, mit dem Hochgeschwindigkeitszug **Eurostar** anzureisen, der zwischen Paris/Brüssel und London Waterloo International verkehrt (✆ 018 05-21 50 00, www.eurostar.com). Züge der französischen Bahngesellschaft »Thalys« (www.thalys.com) fahren z.B. ab Köln oder Düsseldorf nach Brüssel, von wo Anschluss an den Eurostar besteht.

Von Frankfurt sowie einer Reihe weiterer deutscher Flughäfen gibt es **Direktflüge** nach London. Wer mit Lufthansa oder British Airways fliegt, kommt im westlich vom Stadtzentrum gelegenen Heathrow (www.heathrowairport.com) an. Die Billigflieger wie Germanwings (www.germanwings.de) oder RyanAir (www.ryanair.com) landen in Stansted oder Gatwick: Stansted (www.stanstedairport.com) liegt ca. 50 km nördlich von London, Gatwick (www.gatwickairport.com) ca. 40 km südlich.

## Auskunft

**Fremdenverkehrsbüro:**
**Visit Britain/Britische Zentrale für Tourismus**
Dorotheenstr. 54, 10117 Berlin
✆ (018 01) 46 86 42, Fax (030) 31 57 19 10
www.visitbritain.de
gb-info@visitbritain.org

**Diplomatische Vertretungen in Deutschland:**
**British Embassy**
Wilhelmstr. 70, 10117 Berlin

✆ (030) 20 45 70
www.britischebotschaft.de
Mo–Fr 9–12 und 14–16 Uhr

**Britische Generalkonsulate:**
– Yorkstr. 19
40476 Düsseldorf
✆ (02 11) 944 80 (Mo–Fr 13–16 Uhr)
Geöffnet Mo–Fr 8–11 Uhr
Zuständig für Visaangelegenheiten.
– Joh. Berenberg, Gosslar & Co
Neuer Jungfernsteg 20
20354 Hamburg
✆ (040) 35 06 02 36
– Bürkleinstr. 10, 80538 München
✆ (089) 21 10 90

*Mit Humor wirbt ein Installateur für seine Arbeit*

**Diplomatische Vertretung in Großbritannien:**
**Botschaft der Bundesrepublik Deutschland**
23 Belgrave Square, London SW 1
U-Bahn: Hyde Park Corner
✆ (020) 78 24 13 00
www.london.diplo.de

**Im Internet:**
www.visitbritain.com
www.enjoyengland.com
www.english-heritage.org.uk
www.nationaltrust.org.uk (Viele der im Kapitel 3 erwähnten Sehenswürdigkeiten gehören zum National Trust, so dass man über sie auf diesen Seiten ausführliche Informationen findet.)

**Wichtige Rufnummern:**
Polizei, Notarzt, Feuerwehr: ✆ 999 oder 112
Vorwahl nach Deutschland: ✆ +49
Vorwahl nach Österreich: ✆ +43
Vorwahl in die Schweiz: ✆ +41
Vorwahl nach Großbritannien: ✆ +44
Telefonauskunft Inland: ✆ 192
Telefonauskunft Ausland: ✆ 153
Pannenhilfe: ✆ (08 00) 028 90 18 oder (016 22) 76 23 42 (mobil)

## Ausrüstung/Kleidung

Selbstverständlich gehören regenfeste Kleidung und eine Kopfbedeckung als Sonnen- oder Regenschutz ins Reisegepäck. Wer gerne konservativ britisch daherkommen möchte, der sollte sich eine Barbour-Jacke zulegen, deren Stoff gewachst ist und die in Großbritannien rund ein Drittel billiger ist als hierzulande.

Leichte, halbhohe, kräftig imprägnierte Wanderschuhe mit dicker, rutschfester Profilsohle sind bei den Besichtigungstouren auf nassem regendurchweichtem Boden von großem Vorteil. Auch im Sommer gehört ein dicker Pullover ins Gepäck. Besucher, die auch mal gut essen gehen möchten, sollten ein Jackett einpacken, denn die Briten kleiden sich formell, wenn sie ausgehen. (*Smart dress preferred*, heißt es häufig von Seiten der Restaurants.)

Man sollte daran denken, dass die weitaus meisten Artikel des täglichen Gebrauchs in Großbritannien teurer sind als bei uns, so beispielweise Dia-Filme. Auch die Mehrwertsteuer *(VAT = Value Added Tax)* liegt um mehrere Prozentpunkte über der unsrigen.

## Automiete/Autofahren

An den Flughäfen Heathrow sind selbstverständlich sämtliche großen **Mietwagenfirmen** vertreten. In Stansted und Gatwick hingegen gibt es nur ein vermindertes Angebot. Um in der Hauptsaison Wartezeiten zu vermeiden, sollte man den Wagen für die Südengland-Reise bereits bei den deutschen Niederlassungen der Leihwagenfirmen vorbestellt haben. Das Mindestalter zum Mieten eines Wagens beträgt 21 Jahre (evtl. auch 23 Jahre). Der Fahrer muss mindestens ein Jahr im Besitz des Führerscheins sein. Die durchschnittlichen Mietkosten für einen Kleinwagen betragen £ 160 (pro Woche).

Abgesehen vom **Linksverkehr** existieren keine besonderen Abweichungen von unseren Verkehrsregeln. Folgende Höchstgeschwindigkeiten sind zu beachten: 30 mph (48 km/h) in geschlossenen Ortschaften, 60 mph (96 km/h) auf Landstraßen und 70 mph (112 km/h) auf Autobahnen. Anstelle von Kreuzungen gibt es in Großbritannien fast ausschließlich *roundabouts*; diese **Kreisverkehre** halten die Unfallzahlen gering und sorgen für einen schnelleren Abfluss des Verkehrs. Autos im *roundabout* haben Vorfahrt.

Innerhalb geschlossener Ortschaften ist das **Hupen** 23.30–7 Uhr untersagt. Seit 1. Dezember 2003 ist es auch in Großbritannien nicht mehr erlaubt, während der Fahrt mobil zu **telefonieren**. Die **Promillegrenze** liegt bei 0,8.

In Südengland gibt es **kaum Autobahnen**, der gesamte Verkehr läuft über kurvenreiche Straßen, von denen viele mit hohen Hecken umgeben sind, deren Ausläufer in 4–5 m Höhe aufeinander zuwachsen. So hat man das Gefühl, in einem Tunnel zu fahren: Wolfgang Hildesheimer hat Autofahren in seinem Band »Zeiten in Cornwall« »fahren, wie in einem Labyrinth« genannt. Sehr zu empfehlen ist eine defensive Fahrweise, damit man Fahrradfahrer nicht gefährdet.

Fast jeder Ort in Südengland hat einen großen zentralen und gebührenpflichtigen **Parkplatz**; es gilt das

*Pay and Display*-System. An einem Automaten zieht man ein Ticket, das dann gut sichtbar auf das Armaturenbrett gelegt oder von innen an die Scheibe geklebt wird. Die Parkplätze werden regelmäßig von *traffic wardens* kontrolliert. Wenn man das Strafmandat nicht bezahlt, aber mit einem Leihwagen unterwegs ist, den man mit einer Kreditkarte bezahlt hat, dann wird Wochen nach der Heimreise das Verwarnungsgeld über die Kreditkarte eingezogen.

Eine gelbe Linie am Bordstein signalisiert **Parkverbot**, zwei gelbe Linien das absolute Halteverbot. Vor und hinter einem Zebrastreifen zeigen weiße Zickzacklinien ebenfalls das absolute Halteverbot an. Bei einem Unfall sollten Sie immer die Polizei rufen; die landesweite **Notfalltelefonnummer** für Polizei, Feuerwehr und Krankenwagen ist ✆ **999**.

Bleifreies **Benzin** *(unleaded)* ist überall erhältlich, die Kraftstoffqualität ist durch Sterne gekennzeichnet: ** 90 Oktan, *** 94 Oktan, **** 97 Oktan.

Mitglieder eines deutschen Automobilclubs erhalten bei einer Panne Hilfe von den folgenden beiden Organisationen: **Royal Automobile Club** (landesweiter gebührenfreier Pannennotruf ✆ 0800-82 82 82) und **Automobile Association** (✆ 0800-88 77 66).

## Elektrizität

Die Netzspannung beträgt wie bei uns 220 Volt. Wer einen Haarfön und weitere elektrische Geräte betreiben möchte (Ladestation des Handys, Weltempfängers), der benötigt für den Stecker einen Adapter *(plug)*, der in die landesüblichen dreipoligen Steckdosen passt. Damit die Steckdose funktioniert, muss ein auf dem Gehäuse angebrachter Kippschalter betätigt

*Blick auf den Hafen von Brighton*

werden. Viele Duschen werden mit einem Durchlauferhitzer betrieben. Zuvor muss man außerhalb der Duschkabine einen Schalter umlegen, neben dem ein rotes Lämpchen dann anzeigt, dass Strom fließt. Nicht selten hängt auch von der Decke eine Kordel herab, die gezogen werden muss, dann schimmert oben ein rötliches Licht und meldet den Durchlauferhitzer betriebsbereit.

## Essen und Trinken

Dass die normale britische Küche schauderhaft ist, kann im Wesentlichen nur bestätigt werden. Zudem sind die Preise in den Restaurants für unsere Verhältnisse exorbitant hoch, was unter anderem natürlich an dem Kurs von € 1,47 liegt. Selbst bei einem niedrigen Kurs liegen die Preise noch immer deutlich über dem Niveau in Deutschland.

Im September 2007 kostete eine Pizza mit einer halben Flasche Wein (375 ml = zwei kleine Gläschen) umgerechnet € 12. Wenn dann der Weißwein noch warm ist und die Pizza kalt, ärgert man sich schwarz. Allerdings gibt es in England, Wales und Schottland genügend exzellente Restaurants, in denen Spitzenköche Meisterleistungen erbringen – allerdings zu gepfefferten Preisen.

Bei den in diesem Reiseführer empfohlenen Restaurants handelt es sich ausschließlich um die besten am Ort, allerdings muss man dann mit höheren Preisen rechnen. Die preiswertesten Lokale in Großbritannien sind die mit indischer und chinesischer Küche.

Äußerst sättigend ist das englische Frühstück. Es beginnt mit *cereals* (Cornflakes, Müsli), manchmal mit *porridge* (Haferbrei). Dann folgen *bacon and eggs*, gebratener Frühstücksspeck mit Eiern (entweder *fried eggs* = Spiegeleier oder *scrambled eggs* = Rühreier). Eine gegrillte Tomate, *baked beans* (Bohnen in süßer Tomatensauce) oder gebratene *mushrooms* (Champignons) sind häufig als Beilagen auf dem Teller. Verzichten sollte man auf *sausages*, Würstchen mit undefinierbarer Füllung. Toast und Marmelade sind obligarorisch (*marmalade* = Marmelade aus Zitrusfrüchten, also Zitronen- und Orangenkonfitüre; *jam* = jede andere Marmelade).

Lamm in Minzsoße, Roastbeef und Yorkshire Pudding (gefüllte Pastete) sind drei ganz typische englische Gerichte. Steaks der Hochlandrinder waren früher bei den Besuchern Großbritanniens sehr beliebt; seitdem als sicher gilt, dass BSE auf den Menschen übertragbar ist, wurden deutsche Urlauber beim Besuch des Inselreiches häufig zu Vegetariern.

England ist ein ideales Ferienland zum Essen von Fisch und Meeresfrüchten, und gut verteilt sind die

**Aufhebung der Sperrstunde**

Im November 2004 hat die britische Regierung gegen den erbitterten Widerstand der Konservativen im Parlament eine Aufhebung der seit 90 Jahren bestehenden Sperrstunde in Pubs beschlossen. Das Hauptargument der Gegner war die Befürchtung, dass es nun zukünftig noch mehr Krawalle nach Schließung der Kneipen geben werde. Die Labour-Regierung hatte dagegen gehalten, dass eine Liberalisierung der Öffnungszeiten, das weit verbreitete »Kampftrinken« *(binge drinking)* eindämmen werde und so haben bisher über 70 % der Wirte um eine Verlängerung der Ausschankzeiten nachgesucht. Die Opposition hingegen geißelt diese neue Regelung als »24-Stunden-Sauf-Lizenz«. Klammheimliche Befürchtungen scheint die Regierung aber doch zu hegen, denn die obligatorische alljährliche »Weihnachts- und Neujahr-Anti-Sauf-Operation« begann 2005 bereits einen Monat früher als sonst und kostete £ 2,5 Mio. Wer sich nach Schließung der Pubs daneben benimmt, etwa an eine Hauswand uriniert oder sich in den Rindstein übergibt, krakeelt oder eine Schlägerei anfängt, wird verhaftet und muss £ 80 Strafe zahlen.

Seafood Restaurants an der Südküste. Häufig überraschen selbst Pubs mit einfach zubereiteten, fangfrischen und leckeren Meeresfrüchten.

Über Mittag servieren alle Pubs Lunch-Snacks; es gibt immer eine *soup of the day*, eine Tomaten-, Hühner- oder Gemüsesuppe. Weiterhin sind verschiedene Curry-Gerichte im Angebot. Wenig falsch machen kann der Pub-Koch bei einem *ploughman's lunch* oder einem *fisherman's lunch*. Das »Mittagessen des Pflugmannes« besteht aus einem großen Stück Graubrot, Butter, Apfel, Zwiebeln und einer dicken Scheibe Käse

*Das Café »Planet Pizza« in Bristol*

(meistens *Cheddar cheese*, der mit unserem Gouda zu vergleichen ist; *Stilton* ist ein sehr aromatischer Schimmelkäse). Beim *fisherman's lunch* liegt eine Räuchermakrele auf dem Teller. Sämtliche Gerichte zur Mittagszeit stehen meistens auf einer großen Tafel, ansonsten fragt man den Wirt nach dem *menue*, der Speisekarte.

Wenn der Pub keine eigene Essenstheke *(food counter)* hat, bestellt man am Bar-Tresen, zahlt sogleich und bekommt einen Zettel mit einer Nummer. Wenige Minuten später tritt die Kellnerin mit dem Gericht in den Schankraum oder den Biergarten und ruft laut die gezogene Nummer.

Man wird im Pub grundsätzlich nicht am Tisch bedient. Auch die Getränke ordert man am Tresen, wobei die Bestellung *A beer* als sehr unhöflich gilt. Zumindest gibt man an, welche Art von Bier man haben möchte sowie die gewünschte Menge, und beendet die Bestellung mit einem markigen *Please*. Also: *A pint of Bitter, please!* oder *Half a pint of Lager, please!* Ein *pint* entspricht ungefähr unserem halben Liter, *half a pint* ist demzufolge ein Viertelliter. *Lager* entspricht unserem Pils, *Bitter* ist ein stark gehopftes, obergäriges, sehr vollmundiges Bier, das nicht bitter schmeckt.

Bei einer formvollendeten Bestellung in einem Pub nennt man den exakten Namen des gewünschten Bieres, also etwa *A pint of Boddingtons, please* oder *Half a pint of Bass, please!*

Die Vorurteile gegen das englische Bier sind nicht berechtigt. Die starke Verbraucherschutzorganisation CAMRA *(Campaign for Real Ale)* wacht über die Qualität des Gerstensaftes.

*Winchester: »The Eclipse Inn«*

*Im Salisbury Café – Erholungspause für den Kathedralenführer*

80 % aller Pubs sind im Besitz der Brauereien und werden verpachtet. Der Wirt hat dann nur die Biere seiner Brauerei im Angebot. Ein so genanntes *free house* ist eine unabhängige Kneipe mit vielen verschiedenen Bieren der unterschiedlichsten Brauereien. Fast immer gibt es auch ein monatlich wechselndes *guest beer*. Unbedingt sollte man den Bieren aus den Handpumpen den Vorzug geben und auf Gerstensaft aus dem Zapfhahn verzichten. Fast jede Taverne hat mindestens 5–10 schottische Malz-Whiskys und 2–5 offene Weine *(by the glass)* im Angebot.

Kinder unter 14 Jahre dürfen nicht in einen Pub, es sei denn, die Taverne hat einen *family room* oder informiert mit dem Aushang *children's certificate*. 14–17-Jährige dürfen in Begleitung eines Erwachsenen alkoholfreie Getränke in der Bar konsumieren. Alkoholische Getränke für Selbstversorger gibt es nur in den großen Supermärkten sowie in den so genannten *Off Licence*-Läden (z. B. in den Geschäften der Ketten Victoria Wine oder Odd Bins).

Nachmittags zwischen vier und fünf Uhr kehrt der Brite gerne in die *tea rooms* ein und bestellt seinen *cream tea*. Dann bekommt er eine Kanne Tee auf den Tisch gestellt, frische warme und süßliche *scones* (die unseren Rosinenbrötchen nahe kommen), *clotted cream*, dicke Buttersahne, und *jam* oder *marmalade*.

## Feiertage

**New Year's Day** (1. Januar)
**Good Friday** (Karfreitag)
**May Day** (Erster Montag im Mai)
**Spring Bank Holiday** (letzter Montag im Mai)
**Summer Bank Holiday** (letzter Montag im Aug.)
**Christmas** (25. Dez.)
**Boxing Day** (26. Dez.)
An den gesetzliche Feiertagen ruht das öffentliche Leben weitgehend.

*Ritterspiele in historischen Kostümen sind beliebte Fotomotive*

## Geld

Die britische Währung ist das Pfund Sterling (£), das derzeit bei € 1,47 steht (Stand: September 2007). Es gibt Münzen zu 1, 2, 5, 10, 20 und 50 Pence sowie Scheine zu 1, 5, 10, 20 und 50 £.

Banken sind Mo–Fr 9.30–16.30 Uhr geöffnet. Fast alle Geldautomaten akzeptieren die EC-Karte. Der Einsatz von Kreditkarten ist wesentlich weiter verbreitet als bei uns, und selbst kleinere Summen im Lebensmittelgeschäft könnnen mit *plastic money* beglichen werden. Einige sehr feine Restaurants nehmen nur Bargeld und weigern sich, Kreditkarten zu akzeptieren.

## Gesundheit

Bürger der EU (sowie der Länder, die mit Großbritannien ein gegenseitiges Gesundheitsabkommen vereinbart haben) werden kostenlos bei Ärzten und Krankenhäusern des National Health Service behandelt. Den Aufenthalt in einer Privatklinik trägt eventuell Ihre Krankenkasse; erkundigen Sie sich bei Ihrer Versicherung nach dem Auslandsschutz. Die Adressen von Ärzten oder Krankenhäusern erfährt man unter der Nummer 100 der Telefonauskunft.

Eine Arztpraxis erkennt man an dem Schild »Surgery«, und ein Zahnarzt ist ein *dentist*. Apotheken heißen *dispensing chemist* oder *pharmacy* und sind häufig in Drogerien integriert, so z. B. bei »Boots«, der größten Drogeriekette Großbritanniens.

Die landesweit gültige **Notfallnummer** für Krankenwagen, Feuerwehr und Polizei ist die © 999.

## Hinweise für Behinderte

Behinderte Besucher erhalten ausführliche Hinweise für behindertengerechte Unterkünfte, Restaurants, Theater etc. bei der folgenden Organisation. Es werden auch Broschüren versandt:

**RADAR/**
**Royal Association for Disability and Rehabilitation**
12 City Forum, 250 City Road
London EC1V 8AF
# (020) 72 50 32 22
www.radar.org.uk

## Maße und Gewichte

Bis auf die Meile und das Pint gelten in Großbritannien mittlerweile die Maße des bei uns gebräuchlichen Systems. Das hindert konservative Briten nicht daran, weiterhin in *inch, quart* und *stone* zu rechnen.

**Längenmaße:**

| | |
|---|---|
| 1 *inch* | 2,54 cm |
| 1 *foot* | 30,48 cm |
| 1 *yard* | 91,44 cm |
| 1 *mile* | 1,609 km |

**Hohlmaße:**

| | |
|---|---|
| 1 *gill* | 0,142 l |
| 1 *pint* | 0,568 l |
| 1 *quart* | 1,136 l |
| 1 *gallon* | 4,546 l |

**Gewichte:**

| | |
|---|---|
| 1 *ounce* | 28,35 g |
| 1 *pound* | 453,6 g |
| 1 *stone* | 6,35 kg |
| 1 *hundredweight* | 50,8 kg |

## Öffentliche Verkehrsmittel

Südengland ist ganz gut mit öffentlichen Verkehrsmitteln zu bereisen, alle größeren Städte haben einen Intercity-Anschluss. Der Südosten hat ein besonders dichtes Schienennetz, da jeden Tag Abertausende von Pendlern *(commuters)* nach London hineinfahren. Je weiter gen Westen man kommt, umso grobmaschiger wird das **Eisenbahnnetz**. Sehr nützlich ist der **BritRail Pass**, der unterschiedlich lange gültig ist und mit dem man kostenlos in ganz Großbritannien die Eisenbahn nutzen kann. Infos und Buchungen unter: www.britrail.com, www.visitbritain.de, www.bahn.de oder in einem Reisebüro mit DB-Lizenz. Der Pass muss im Voraus erworben werden, da er nicht in England erhältlich ist. Für Kinder, Jugendliche und Senioren gibt es Preisnachlässe.

Wesentlich mehr Dörfer und Städtchen werden mit **Bussen** des National Express angefahren, die Fahrtkosten sind zudem niedriger als die der Bahn. Außerdem befinden sich die Haltestellen der Busse im Ortszentrum, während die Bahnhöfe nicht selten zwei, drei oder vier Kilometer vom Zentrum entfernt liegen. Der **Tourist Trail Pass** ist unterschiedlich lange gültig (2, 5, 7 und 14 Tage) erlaubt kostenloses Fahren auf allen Linien des National Express.

Mit der **Discount Coach Card** bekommen Besucher unter 26 Jahre und Senioren 30 % Preisnachlass auf die Fahrpreise. Die Tickets sind in jedem Büro der Busgesellschaft National Express erhältlich. Weitere Vergünstigungen und Buchungsmöglichkeiten findet man auf der Homepage: www.nationalexpress.com. Überlandbusse heißen im Englischen übrigens nicht *bus,* sondern *coach*.

## Post

Normale Postkarten und Briefe per Luftpost bis 20 g kosten innerhalb Europas 48 Pence. Noch der allerwinzigste Weiler mit 30 Einwohnern in der einsamsten Ecke des Landes besitzt ein Postamt, das sich zuweilen in einer windschiefen Bretterbude befindet. Postämter sind Mo Fr 9 17.30 und Sa 9–12.30 Uhr geöffnet. Briefmarken bekommt man darüber hinaus in vielen Zeitschriftenläden *(newsagent),* die als Symbol einen Aufkleber mit dem roten Briefmarkenbüchlein tragen.

## Presse/Radio/TV

Die guten überregionalen Londoner Zeitungen wie *Times, The Independent, Guardian* oder *Financial Times* gibt es natürlich auch in Südengland zu kaufen, ebenso die erbärmlichen Blätter der englischen *Gutter Press*. *The Economist* ist ein linksliberales, wöchentlich erscheinendes Magazin auf Spiegel-Niveau. Deutsche Zeitungen und Magazine wie *FAZ*, *Spiegel* oder *Stern* sind in den Touristenhochburgen zumeist sogar schon an ihrem Erscheinungstag zu bekommen. Zeitungen, Zeitschriften und Magazine kauft man beim *newsagent*.

Die staatlichen Fernsehsender sind BBC 1–4, hinzu kommen die Privatsender ITV und Channel Four sowie weitere durch Werbung finanzierte Satelliten- und Kabelkanäle. Die Hauptnachrichtensendung *News at Ten* von ITV abends um 22 Uhr hat eine sehr gute

Reputation, BBC 1 sendet seine ebenfalls sehr informativen und seriösen Nachrichten um 21 Uhr.

Die unterschiedlichen Kanäle der BBC-Radiosender haben Pop-Musik mit Kurznachrichten, klassische Musik, Sport und themenbezogene Beiträge zum Inhalt.

## Reisezeit

Die Hauptreisezeit liegt zwischen Anfang Mai und Ende September. Ideal sind die Wochen zwischen Mitte Mai und Mitte Juni. Dies ist die regenärmste Zeit des Jahres, sämtliche touristischen Einrichtungen haben bereits geöffnet, aber nur wenige Besucher sind unterwegs, die vielen romantischen Dörfchen Südenglands sind noch nicht überlaufen und die Natur steht in voller Blüte.

## Sicherheit/Kriminalität

Die großen englischen Städte haben keine höhere Kriminalitätsrate als Köln, Frankfurt oder Hamburg. Gerne werden in den Metropolen und den Touristenhochburgen die vollgepackten Wagen der Touristen geknackt. Wer seinen Wagen ausgeräumt hat, sollte die Handschuhfachklappe und bei einem Kombi die hintere Abdeckung geöffnet haben und damit zeigen, dass es hier nichts zu holen gibt. Generell kann man

*Auffällig sind die roten Briefkästen*

*Wie ein Paradies mutet das Bild von Sissinghurst an*

sagen, dass Großbritannien ein sicheres Reiseland ist und auch alleinreisende Frauen müssen sich keine Sorgen machen.

## Sport

Südengland ist ein ideales Wanderland. Das Dartmoor, das Exmoor, die cornische Küste – überall kann man attraktive Wandertouren unternehmen. Viele verschiedene Routen bieten die *Pathfinder*-Wanderführer von Ordnance Survey, die es in jeder englischen Buchhandlung zu kaufen gibt. Für Südengland sind die Titel *Dartmoor Walks, Cornwall Walks, Exmoor and Quantock Walks* auf dem Markt.

Wie in anderen britischen Regionen, so findet der passionierte Wanderfreund auch in Südengland mehrere Fernwanderstrecken, auf denen man jeweils mehrere Tage unterwegs ist. Der 140 km lange South Downs Way beginnt in Bournemouth, verläuft zuerst entlang der Küste und zieht sich dann durch das Hinterland vorbei an vielen landschaftlichen Höhepunkten und touristischen Sehenswürdigkeiten. Zwischen Bournemouth und Weymouth wandert man auf dem Dorset Coast Path immer entlang der Küste und oft hoch über dem Meer. Durch das Exmoor führt der 130 km lange Tarka Trail (benannt nach dem beliebten Kinderbuch »Tarka the Otter«), und in Lynmouth, dort, wo das

Exmoor am Meer endet, beginnt der North Devon Coast Path.

Zwischen Kent und Cornwall wird der Besucher keine Probleme haben, einen Golfplatz zu finden. Es stehen genügend 9- und 18-Loch-Plätze für den ambitionierten Amateur zur Verfügung. Golf ist in Großbritannien ein Massensport, und die Green Fees sind sehr moderat. Schläger und Bälle kann man auch mieten.

## Telefonieren

Die **Auslandsvorwahl für Großbritannien lautet ✆ + 44**, danach wählt man die Vorwahlnummer der Stadt ohne die Null und schließlich die Teilnehmernummer. Die gleiche Prozedur gilt bei Gesprächen von Großbritannien **nach Deutschland**, die Vorwahlnummer ist ✆ **+49**.

Es gibt Münztelefone, die 10-, 20- und 50-Pence-Stücke sowie die Ein-£-Münze nehmen. Die Mindestgebühr beträgt 10 Pence. Weit verbreitet sind Kartentelefone, die mit einer zuvor gekauften *phonecard* bestückt werden müssen. Diese Telefonkarten sind in den Werten £ 2, 5, 10 und 20 erhältlich, und man kann sie in Postämtern, bei den Tourist Informations und in Geschäften, die ein grünes BT-Zeichen tragen, kaufen. Schließlich kann man viele Apparate mit einer Kreditkarte bestücken. Häufig findet der Besucher auch Multifunktionsgeräte, die Geld, eine *phonecard* oder auch die Kreditkarte nehmen.

Wochentags nach 18 Uhr und an Wochenenden sind die Tarife günstiger. Man kann sich in britischen Telefonzellen anrufen lassen; die Nummer ist gut sichtbar am Gerät angebracht. Wenn jemand also untätig in einer Telefonzelle herumsteht, hat das seinen Grund.

In Südengland funktioniert das Handy problemlos; es gibt keine Funklöcher. Handys heißen im Englischen übrigens *mobile phone*.

## Trinkgeld

Wie überall, so gilt auch in Großbritannien die 10-%-Regel beim Trinkgeld in Restaurants oder im Taxi. Beim Friseur kann man sich pauschal mit £ 2 begnügen. Sollte man einen Kofferträger anheuern, so fallen pro Gepäckstück ca. 50 Pence an.

## Unterkunft

Die preiswerteste Form der Unterkunft ist die **Jugendherberge**, etwa 200 *youth hostels* sind gleichmäßig über England verteilt. Übernachten kann man in diesen Häusern der Youth Hostel Association (www.yha.org.

uk) nur mit einem internationalen Jugendherbergsausweis. Daneben öffnen immer mehr privat betriebene Hostels ihre Pforten; für diese benötigt man kein Zertifikat. Bei den Tourist Informations bekommt man das Verzeichnis *The Independent Hostel Guide*. Die Preise liegen mit ca. £ 8 pro Person recht niedrig.

Die am meisten verbreitete Form der Unterkunft ist das **Bed & Breakfast** in einem Privathaushalt. Große Schilder im Vorgarten machen auf einen B & B-Haushalt aufmerksam und verraten auch gleich einiges zur Qualität. *En suite* bedeutet mit eigenem Bad, *SAT C/TC* heißt, dass man einen Farbfernseher mit Satellitenempfang auf dem Zimmer hat, und *Tea-making facilities* sind eigentlich obligatorisch.

Ob noch Zimmer frei sind, wird ebenfalls verraten: *Vacancies* liest man dann; wenn alle Räume ausgebucht sind, heißt es: *No vacancies*. B & Bs finden sich am Rande der Ortszentren und zwar entlang der Ausfallstraßen. Die Preise betragen £ 18–20 pro Person. Während der Hauptsaison kann man natürlich telefonisch vorbuchen, ansonsten klingelt man einfach an der Haustür und fragt nach einem freien Zimmer.

**Guesthouses** sind unseren Pensionen vergleichbar und haben den gleichen Standard wie die B & Bs in Privathäusern. Sie besitzen lediglich mehr Zimmer und kosten ca. £ 20–25 pro Person. Von der Britischen Zentrale für Fremdenverkehr (s. S. 62) kann man Broschüren beziehen , in denen man Ferienhäuser in allen Regionen Südenglands findet. Im Angebot sind neben historischen Gebäuden Fischerhäuschen, Farm Cottages, Leuchttürme, Blockhäuser u.v.m.

Südengland hat rund 180 **Wohnwagen- und Campingplätze**, die alle hervorragend ausgestattet sind.

Die Klassifikation der **Hotels** reicht von einem bis zu fünf Sternen. Vom kleinen Dorfgasthof bis zum luxuriösen Fünf-Sterne-Hotel internationalen Zuschnitts sind alle Kategorien in Südengland vertreten. Für ein Zimmer in einem Drei-Sterne-Haus muss man mit £ 35–40 pro Person rechnen.

## Zeit

In Großbritannien gilt die *Greenwich Mean Time (GMT)*, die der mitteleuropäischen Zeit um eine Stunde »hinterherhinkt«. Unüblich ist die Angabe der Uhrzeit in unserem 24-Stunden-Rhythmus. Die Zeitangaben werden mit a.m. (ante meridiem) und p.m. (post meridiem) genannt; a.m. ist die Zeit vor 12 Uhr mittags, p.m. nach 12 Uhr mittags. 9 a.m. bedeutet 9 Uhr morgens, 9 p.m. ist 21 Uhr am Abend.

Bis 12 Uhr mittags wünscht man in Großbritannien *Good morning*, 12–18 Uhr heißt es *Good afternoon*, und ab Punkt 18 Uhr grüßt man mit *Good evening*.

## Alltag/Umgangsformen

*Hello!* Wer kennt diese alltagstaugliche Begrüßung nicht? Sie klingt weniger salopp als das deutsche *Hallo* und wird in England jederzeit verwendet. *Good afternoon* und *Good evening* kann man – je nach Anlass – natürlich auch sagen. Das ist dann schon etwas förmlicher. Junge Leute bevorzugen übrigens das inzwischen auch hier übernommene *Hi!*

Wird man jemandem vorgestellt, so hört man meist ein *How do you do?* oder *Nice to meet you!* Die Antwort lautet genauso: *How do you do?*

Die Engländer sind in der Regel sehr hilfsbereit und höflich und werden Sie, wenn's mit der Sprache mal etwas hapert, nicht im Regen stehen lassen.

Noch etwas wird Ihnen den Einstieg leichter machen: im Englischen gibt es weder unterschiedliche Artikel (es heißt immer *the*) noch die Unterscheidung in »Du« und »Sie«. Man sagt einfach immer *you*.

| | |
|---|---|
| *(Good) morning!* | Guten Morgen! |
| *(Good) evening!* | Guten Abend! |
| *(Good) night!* | Gute Nacht! |
| *Hello!* | Guten Tag! |
| *Hi!* | Hallo! |
| *How are you?* | Wie geht es dir/Ihnen? |
| *Goodbye!* | Auf Wiedersehen! |
| *Have a nice trip!* | Gute Reise! |
| *Bye!/See you!* | Tschüß! |
| *See you soon!* | Bis bald! |
| *See you tomorrow!* | Bis morgen! |
| *It was nice meeting you.* | Schön, Dich kennengelernt zu haben. |
| *yes/no/maybe, perhaps* | ja/ nein/ vielleicht |
| *My name is …* | Ich heiße … |
| *What's your name?* | Wie heißt du? |
| *Excuse me! (I'm) Sorry!* | Entschuldigung! |
| *Thank you./Thanks.* | Danke. |
| *You're welcome!* | Bitte schön./Keine Ursache! |

Falls Sie nicht alles verstehen (zugegeben: die Engländer sprechen manchmal ganz schön schnell), können Sie sagen: *I didn't understand that. Could you speak a bit more slowly, please?* Wenn auch das nichts hilft, bleibt noch die Möglichkeit, sich das Gesagte aufschreiben zu lassen: *Could you write it down for me, please?*

## Autofahren

Sollten Sie mit dem Auto unterwegs sein, können Sie die folgenden Vokabeln sicher gut gebrauchen, an jeder Tankstelle und im alltäglichen Straßenverkehr. Und falls Sie mal eine Werkstatt nötig haben …

**Was auf Straßenschildern steht**

| | |
|---|---|
| *diversion* | Umleitung |
| *dead-end* | Sackgasse |
| *no parking* | Parkverbot |
| *parking disc* | Parkscheibe |
| *danger* | Gefahr |

**Rund ums Auto**

| | |
|---|---|
| *I'd like to hire a car.* | Ich möchte ein Auto mieten. |
| *a four-wheel drive/off-roader* | ein Geländewagen |
| *a motorbike* | ein Motorrad |
| *a motor caravan/camper van* | ein Wohnmobil |
| *My car has been broken into.* | Mein Auto ist aufgebrochen worden. |
| *Could you give me your name and address, please.* | Bitte geben Sie mir Ihren Namen und Ihre Adresse an. |
| *You were driving too fast.* | Sie sind zu schnell gefahren. |
| *driving licence* | Führerschein |
| *Could I see your driving licence and insurance, please.* | Ihre Papiere bitte. |
| *You cut the corner.* | Sie haben die Kurve geschnitten. |
| *You were driving too close.* | Sie sind zu dicht aufgefahren. |
| *I was driving … miles per hour.* | Ich bin … Meilen/h gefahren. |
| *motorway* | Autobahn |
| *car park, parking space* | Parkplatz |
| *parking meter* | Parkuhr |
| *ticket dispenser* | Parkscheinautomat |
| *Can I park here?* | Kann ich hier parken? |
| *seat belt* | Sicherheitsgurt |
| *petrol station* | Tankstelle |
| *petrol* | Benzin |
| *unleaded* | bleifrei |
| *diesel* | Diesel |
| *four-star* | Super verbleit |
| *Full, please./Full tank, please.* | Bitte volltanken. |
| *Could you do an oil change, please?* | Machen Sie bitte einen Ölwechsel. |
| *to drive* | fahren |
| *to tow away* | abschleppen |
| *to repair* | reparieren |
| *(to the) right/(to the) left/straight ahead* | (nach) rechts/(nach) links/geradeaus |
| *to cross* | überqueren |
| *to move into 1st gear* | den 1. Gang einlegen |

| | |
|---|---|
| *map of the town/city* | Stadtplan |
| *security/safety* | Sicherheit |
| *traffic jam* | Stau |

| | |
|---|---|
| ***In the garage*** | **In der Werkstatt** |
| *I've had an accident.* | Ich habe einen Unfall gehabt. |
| *I've run out of petrol.* | Ich habe kein Benzin mehr. |
| *Could you tow my car away?* | Könnten Sie meinen Wagen abschleppen? |
| *My car won't start.* | Mein Auto springt nicht an. |
| *The battery's flat.* | Die Batterie ist leer. |
| *The brake's broken.* | Die Bremse ist defekt. |
| *The engine sounds funny.* | Der Motor klingt seltsam. |
| *When will the car be ready?* | Wann wird der Wagen fertig sein? |
| *gears, gearbox* | Getriebe |
| *spark plug* | Zündkerze |
| *wing, mudguard* | Kotflügel |
| *carburettor* | Vergaser |
| *flashing lights* | Blinker |
| *tyre* | Reifen |
| *tyre pressure* | Reifendruck |
| *starter* | Anlasser |
| *windscreen wipers* | Scheibenwischer |
| *dynamo* | Lichtmaschine |
| *headlights, headlamps* | Scheinwerfer |
| *radiator* | Kühler |

## Einkaufen

| | |
|---|---|
| *How much is/are …?* | Was kostet/kosten …? |
| *money* | Geld |
| *cash desk* | Kasse |
| *to spend* | ausgeben |
| *to pay* | bezahlen |
| *to sell* | verkaufen |
| *special offer* | Sonderangebot |
| *shop window* | Schaufenster |
| *A bit less, please.* | Etwas weniger bitte. |
| *A bit more, please.* | Etwas mehr bitte. |
| *bigger/smaller* | kleiner/größer |
| *Where can I get …?* | Wo bekomme ich …? |
| *I'd like …* | Ich hätte gerne … |
| *Could I have a package of …?* | Geben Sie mir bitte eine Packung … |
| *Could you show me …* | Zeigen Sie mir bitte … |
| *What are you looking for?* | Was wünschen Sie? |
| *Can I help you?* | Kann ich Ihnen helfen? |
| *Could I try this on?* | Kann ich das anprobieren? |

| | |
|---|---|
| *Where are the fitting rooms?* | Wo sind die Umkleidekabinen? |
| *Can I pay with this credit card?* | Kann ich mit dieser Kreditkarte zahlen? |
| *I'd like something cheaper.* | Ich hätte gerne etwas Billigeres. |
| *too expensive* | zu teuer |
| *Which other sizes do you have?* | Haben Sie das noch in einer anderen Größe? |
| *What size are you?* | Welche Größe haben Sie? |
| *I'm (continental) size …* | Ich habe Größe … |
| *sales* | Ausverkauf |
| *shirt* | Hemd |
| *trousers* | Hose |
| *a pair of jeans* | Jeans |
| *a pair of shoes* | ein Paar Schuhe |
| *coat* | Mantel |
| *skirt* | Rock |
| *dress* | Kleid |
| *suit* | Kostüm |
| *tights* | Strumpfhose |
| *stockings* | Strümpfe |
| *(sports) jacket* | Sakko |
| *jacket* | Jacke |
| *scarf* | Halstuch |
| *sweater* | Pullover |

| ***Colours and patterns*** | **Farben und Muster** |
|---|---|
| *beige* | beige |
| *blue* | blau |
| *brown* | braun |
| *yellow* | gelb |
| *red* | rot |
| *green* | grün |
| *black* | schwarz |
| *white* | weiß |
| *grey* | grau |
| *plain/one coloured* | einfarbig |
| *colourful* | bunt |
| *patterned* | gemustert |
| *checked* | kariert |

## Essen und Trinken

| **Wo bekommt man's** | |
|---|---|
| *bakery* | Bäckerei |
| *sweet shop* | Süßwarenladen |
| *butcher('s shop)* | Fleischerei |
| *market* | Markt |
| *greengrocer* | Gemüsehändler |
| *fruitseller* | Obstgeschäft |
| *supermarket* | Supermarkt |

| | |
|---|---|
| ***In a restaurant*** | **Im Restaurant** |
| *Is there a good restaurant around here?* | Wo gibt es hier in der Nähe ein gutes Restaurant? |
| *Is there a reasonably cheap restaurant?* | Wo gibt es ein preiswertes Restaurant? |
| *A table for three, please.* | Einen Tisch für drei Personen bitte. |
| *I'd like to reserve a table for two for eight o'clock.* | Ich möchte einen Tisch für zwei Personen um acht Uhr reservieren. |
| *Excuse me, where are the toilets?* | Entschuldigung, wo sind hier die Toiletten? |
| *This way.* | Dort entlang. |
| *Could I have the menu, please?* | Die Karte bitte. |
| *wine list* | Getränkekarte |
| *I'd just like something to drink.* | Ich möchte nur etwas trinken. |
| *Are you still serving hot meals?* | Gibt es noch warme Küche? |
| *What can you recommend?* | Was empfehlen Sie mir? |
| *I can recommend …* | Ich empfehle Ihnen … |
| *Do you serve vegetarian dishes?* | Haben Sie vegetarische Gerichte? |
| *I won't have a starter, thank you.* | Danke, ich nehme keine Vorspeise. |
| *I'll have (Can I have) a beer, please?* | Ich möchte ein Bier bitte. |
| *I'll have a (half-)bottle of red wine.* | Ich möchte eine (halbe) Flasche Rotwein. |

Im Englischen ist es übrigens nicht üblich, sich vor dem Essen einen »Guten Appetit« zu wünschen, bisweilen hört man aber dennoch ein *Bon appétit* oder ein *Enjoy your meal*.

| | |
|---|---|
| *Cheers!* | Zum Wohl! |
| *Could I have the bill, please?* | Ich möchte zahlen bitte. |
| *We'd like to pay separately.* | Wir möchten getrennt bezahlen. |
| *Could I have a receipt?* | Ich möchte eine Quittung. |
| *Did you enjoy it?* | Hat es Ihnen geschmeckt? |
| *It was delicious, thank you.* | Danke, sehr gut. |
| *Do you mind if I smoke?* | Stört es dich/Sie, wenn ich rauche? |
| *tip* | Trinkgeld |

| | |
|---|---|
| *to eat* | essen |
| *to drink* | trinken |
| *still mineral water* | Mineralwasser ohne Kohlensäure |
| *sparkling mineral water* | Mineralwasser mit Kohlensäure |
| *house wine* | Hauswein |
| *beer* | Bier |
| *lager* | helles Bier |
| *stout* | dunkles Bier |
| *juice* | Saft |
| *glass* | Glas |
| *bottle* | Flasche |

| *Fish and seafood* | **Fisch und Meeresfrüchte** |
|---|---|
| *mussels* | Muscheln |
| *shellfish* | Schalentiere |
| *calamari* | fritierte Tintenfischringe |
| *lobster* | Hummer |
| *crayfish* | Flußkrebs |
| *king prawn* | Riesengarnele |
| *shrimps* | Garnelen |
| *potted shrimps* | Krabben in Butter gebacken |
| *crabs* | Krabben |
| *spiny lobster* | Languste |
| *oysters* | Austern |
| *anchovies* | Sardellen |
| *tuna* | Thunfisch |
| *bass* | Seebarsch |
| *eel* | Aal |
| *smoked eel* | Räucheraal |
| *trout* | Forelle |
| *sardines* | Sardinen |
| *salmon* | Lachs |
| *Dover sole* | Seezunge |
| *fishcake* | Fischfrikadelle |
| *fish fingers* | Fischstäbchen |
| *kedgeree* | Reis mit Fisch und hartgekochten Eiern |
| *plaice mornay* | mit Käse überbackene Scholle |
| *fish and chips* | frittierte Fischstücke mit Pommes frites, legendär! |

| *Meat dishes* | **Fleischgerichte** |
|---|---|
| *pork* | Schwein |
| *fillet of pork* | Schweinefilet |
| *hare* | Hasenbraten |
| *rabbit* | Kaninchen |
| *cutlet* | Kotelett |
| *escalope* | Kalbsschnitzel |
| *lamb* | Lamm |
| *leg of lamb* | Lammkeule |
| *beef* | Rindfleisch |
| *veal* | Kalbfleisch |
| *game* | Wild |
| *braised beef* | Rinderschmorbraten |
| *roast beef* | Rinderbraten |
| *hot pot* | Eintopf mit Fleisch und Kartoffeln |
| *stew* | Fleischeintopf |
| *Irish stew* | Eintopf mit Hammelfleisch, Kartoffeln und Zwiebeln |
| *ham and eggs* | Spiegeleier mit Schinken |
| *cottage pie* | Fleischwürfel mit Soße, mit Kartoffelbreihaube überbacken |
| *beefburger, rissole* | Frikadelle |

| | |
|---|---|
| *meat balls* | Fleischklößchen |
| *minced meat* | Hackfleisch |
| *sausages* | Würstchen |
| *ham* | Schinken |
| *boiled/raw ham* | gekochter/roher Schinken |
| ***Poultry*** | **Geflügel** |
| *chicken* | Hähnchen, Huhn |
| *chicken breasts/leg* | Hühnerbrust/-keule |
| *chicken wings* | marinierte Hühnerflügel |
| *chicken in the basket* | paniertes halbes Hähnchen mit Pommes frites, serviert in einem Körbchen |
| *duck* | Ente |
| *goose* | Gans |
| *turkey* | Truthahn, Pute |
| *quail* | Wachtel |
| ***Vegetables*** | **Gemüse** |
| *asparagus* | Spargel |
| *spinach* | Spinat |
| *cabbage* | Kohl |
| *beans* | Bohnen |
| *peas* | Erbsen |
| *potatoes* | Kartoffeln |
| *salad* | Salat |
| *tomato* | Tomate |
| *cucumber* | Gurke |
| *cauliflower* | Blumenkohl |
| *mushrooms* | Pilze |
| *onion* | Zwiebel |
| *pumpkin* | Kürbis |
| *sweetcorn* | Mais |
| *corn on the cob* | Maiskolben |
| *coleslaw* | Krautsalat |
| *carrots* | Möhren |
| ***Fruits*** | **Obst** |
| *pineapple* | Ananas |
| *apple* | Apfel |
| *pear* | Birne |
| *strawberries* | Erdbeeren |
| *raspberries* | Himbeeren |
| *cherries* | Kirschen |
| *melon* | Melone |
| *peach* | Pfirsich |
| *banana* | Banane |
| *lemon* | Zitrone |
| *orange* | Orange |
| *grapes* | Weintrauben |
| *dried fruit* | getrocknetes Obst |

| *Extras* | **Beilagen** |
|---|---|
| *boiled rice* | gekochter Reis |
| *brown rice* | Naturreis |
| *wild rice* | Wildreis |
| *baked potatoe* | gebackene Kartoffel |
| *French fries, chips* | Pommes frites |
| *duchess potatoes* | überbackener Kartoffelbrei |
| *fried potatoes* | Bratkartoffeln |
| *mashed potatoes* | Kartoffelbrei |
| *potato fritters* | Kartoffelkuchen |
| *sweet potatoes* | Süßkartoffeln |
| *dumplings* | Knödel |
| *noodles* | Nudeln |
| *pasta* | Teigwaren |

| ***Ways of cooking*** | **Zubereitungsarten** |
|---|---|
| *baked* | gebacken |
| *barbecued* | gegrillt |
| *boiled* | gekocht |
| *braised* | geschmort |
| *steamed* | gedämpft |
| *deep-fried* | frittiert |
| *fried* | gebraten |
| *medium* | medium |
| *rare* | englisch, blutig |
| *well done* | durchgebraten |

| ***What else?*** | **Was es sonst noch gibt** |
|---|---|
| *milk* | Milch |
| *skimmed milk* | fettarme Milch |
| *cream* | Sahne |
| *cheese* | Käse |
| *yoghurt* | Joghurt |
| *porridge* | Haferbrei (meist zum Frühstück) |
| *eggs* | Eier |
| *butter* | Butter |
| *spices* | Gewürze |
| *garlic* | Knoblauch |
| *salt* | Salz |
| *pepper* | Pfeffer |
| *chillis* | Peperoni |
| *ginger* | Ingwer |
| *horse radish* | Meerettich |
| *sugar* | Zucker |
| *vinegar* | Essig |
| *olive oil* | Olivenöl |
| *honey* | Honig |
| *coffee* | Kaffee |
| *decaffeinated coffee, decaf* | koffeinfreier Kaffee |
| *ice cream* | Eis |
| *soup* | Suppe |

| | |
|---|---|
| ***At the bakery*** | **Beim Bäcker** |
| *bread* | Brot |
| *sandwich* | belegtes Brot |
| *white bread* | Weißbrot |
| *wholemeal bread* | Brot aus Vollkornmehl |
| *roll* | Brötchen |
| *muffin* | süßes faustgroßes Gebäck |
| *donut, doughnut* | süßer Hefeteigring, frittiert |
| *bagel* | ringförmiges Gebäck aus Hefeteig |
| *cake* | Kuchen |
| *cakes* | Gebäck |
| *biscuits* | Kekse |

## Kosmetik/Presse/Geld/Post/Öffentliche Verkehrsmittel

| | |
|---|---|
| **Was Sie zur Körperpflege brauchen** | |
| *toothbrush* | Zahnbürste |
| *toothpaste* | Zahnpasta |
| *cotton wool* | Wattepads |
| *shaving cream* | Rasiercreme |
| *razor-blade* | Rasierklinge |
| *shampoo* | Haarshampoo |
| *brush* | Bürste |
| *comb* | Kamm |
| *lipstick* | Lippenstift |
| *soap* | Seife |
| *hair dryer* | Fön |
| *handkerchiefs, tissues* | Papiertaschentücher |
| *flannel* | Waschlappen |
| *nail scissors* | Nagelschere |
| *tweezers* | Pinzette |
| *cleansing milk* | Reinigungsmilch |
| *skin cream/body cream* | Hautcreme |
| *suntan oil* | Sonnenöl |
| *mosquito repellent* | Mückenschutz |

| | |
|---|---|
| ***At the stationer's shop*** | **Im Zeitschriftenladen** |
| *newspaper* | Zeitung |
| *magazine* | Zeitschrift/Illustrierte |
| *I'd like a German newspaper.* | Ich hätte gerne eine deutsche Zeitung. |
| *Do you have a more recent paper?* | Haben Sie auch eine neuere Zeitung? |
| *Do you sell writing-pads?* | Verkaufen Sie Briefpapier? |
| *stamps* | Briefmarken |
| *envelope* | Briefumschlag |
| *paper* | Papier |
| *ball-point pen* | Kugelschreiber |
| *book* | Buch |
| *glue* | Klebstoff |

| | |
|---|---|
| *adhesive paper* | Klebeband |
| *playing cards* | Spielkarten |

| | |
|---|---|
| ***At the bank*** | **In der Bank** |
| *Excuse me, is there a bank around here?* | Entschuldigen Sie bitte, wo ist hier eine Bank? |
| *Where can I change some money?* | Wo kann ich Geld wechseln? |
| *When does the bank close?* | Wann schließt die Bank? |
| *I'd like to change euros into pounds.* | Ich möchte Euro in Pfund umtauschen. |
| *I'd like to cash an Eurocheque.* | Ich möchte einen Eurocheque einlösen. |
| *Could you give me some small change, please?* | Geben Sie mir bitte etwas Kleingeld. |
| *cash* | Bargeld |
| *cash dispenser* | Geldautomat |
| *maximum amount/limit* | Höchstbetrag |
| *credit card* | Kreditkarte |
| *traveller's cheque* | Reisescheck |
| *transfer* | Überweisung |
| *signature* | Unterschrift |
| *to sign* | unterschreiben |
| *currency* | Währung |
| *counter* | Schalter |
| *to withdraw* | abheben |

| | |
|---|---|
| ***At the post office*** | **In der Post** |
| *Where's the nearest letterbox?* | Wo ist der nächste Briefkasten? |
| *How much is a postcard to Germany?* | Was kostet eine Postkarte nach Deutschland? |
| *Is there any mail for me?* | Haben Sie Post für mich? |
| *sender* | Absender |
| *to send* | verschicken |
| *addressee* | Empfänger |
| *telegram* | Telegramm |
| *packet* | Päckchen |
| *parcel* | Paket |

| | |
|---|---|
| ***Public transport*** | **Öffentliche Verkehrsmittel** |
| *train* | Zug |
| *to change trains* | umsteigen |
| *station* | Bahnhof |
| *bus* | Bus |
| *aircraft* | Flugzeug |
| *airport* | Flughafen |
| *take-off* | Abflug |
| *to fly* | fliegen |
| *to book* | buchen |
| *ship* | Schiff |
| *port, harbour* | Hafen |

| | |
|---|---|
| *ferry* | Fähre |
| *departure* | Abfahrt |
| *arrival* | Ankunft |
| *timetable* | Fahrplan |
| *extra charge* | Zuschlag |
| *luggage, baggage* | Gepäck |
| *delay* | Verspätung |

## *Medical treatment* / Medizinische Versorgung

| | |
|---|---|
| ***At the doctor*** | **Beim Arzt** |
| *doctor* | Arzt |
| *GP* | praktischer Arzt |
| *dentist* | Zahnarzt |
| *I've got …* | Ich habe … |
| *My … hurts.* | Mein … tut weh. |
| *Does he speak German?* | Spricht er Deutsch? |
| *My husband/my wife is sick.* | Mein Mann/meine Frau ist krank. |
| *My stomach is upset.* | Ich habe mir den Magen verdorben. |
| *I've been vomiting.* | Ich habe mich übergeben. |
| *I've got a bad cold.* | Ich bin stark erkältet. |
| *I'm … months pregnant.* | Ich bin im … Monat schwanger. |
| *I've got high/low blood pressure.* | Ich habe einen hohen/niedrigen Blutdruck. |
| *It hurts here.* | Hier habe ich Schmerzen. |
| *I've hurt myself.* | Ich habe mich verletzt. |
| *I've had a fall.* | Ich bin gestürzt. |
| *Can you give me a doctor's certificate?* | Können Sie mir ein Rezept ausstellen? |
| *mouth* | Mund |
| *arm* | Arm |
| *ankle* | Knöchel |
| *heart* | Herz |
| *tooth* | Zahn |
| *knee* | Knie |
| *leg* | Bein |
| *hand* | Hand |
| *eye* | Auge |
| *ear* | Ohr |
| *skin* | Haut |
| *foot* | Fuß |
| *head* | Kopf |
| *back* | Rücken |
| *diarrhoea* | Durchfall |
| *to vomit* | erbrechen |
| *nausea* | Brechreiz |
| *cough* | Husten |

| | |
|---|---|
| *headaches* | Kopfschmerzen |
| *circulatory problems* | Kreislaufstörungen |
| *lumbago* | Hexenschuß |
| *sunburn* | Sonnenbrand |
| *dizziness* | Schwindel |
| *hay fever* | Heuschnupfen |
| *flu, influenza* | Grippe |

| | |
|---|---|
| *ointment* | Salbe |
| *antiseptic ointment* | Wundsalbe |
| *pill, tablet* | Tablette |
| *sleeping pills/tablets* | Schlaftabletten |
| *drops* | Tropfen |
| *painkiller* | Schmerzmittel |
| *first-aid kit* | Verbandszeug |
| *charcoal tablets* | Kohletabletten |
| *plaster* | Pflaster |

## Wo? Wie? Was? – Orientierung

**Wie man nach dem Weg fragt (und die Antwort versteht)**

| | |
|---|---|
| *Excuse me, where's …?* | Entschuldigung, wo ist …? |
| *How do I get to …?* | Wie komme ich nach …? |
| *What's the quickest way to get to the station?* | Wie komme ich am schnellsten zum Bahnhof? |
| *How do I get onto the motorway?* | Wie komme ich zur Autobahn? |
| *Straight ahead.* | Geradeaus. |
| *(To the) right.* | Nach rechts. |
| *(To the) left.* | Nach links. |
| *Cross the bridge.* | Überqueren Sie die Brücke. |
| *Is this the road to …?* | Ist das die Straße nach …? |

**Welche Sehenswürdigkeiten gibt es in der Stadt**

| | |
|---|---|
| *guided tour* | Führung |
| *places of interest, sights* | Sehenswürdigkeiten |
| *bridge* | Brücke |
| *castle, palace* | Schloß |
| *treasury* | Schatzkammer |
| *tower* | Turm |
| *changing of the guard* | Wachablösung |
| *monument* | Denkmal |
| *river* | Fluß |
| *fountain* | Brunnen |
| *church* | Kirche |
| *cathedral* | Kathedrale |
| *square* | Platz |
| *museum* | Museum |
| *town hall, city hall* | Rathaus |
| *ruins* | Ruine |

| *To make a call* | Telefonieren |
|---|---|
| *Where can I make a phone call around here?* | Wo kann ich hier telefonieren? |
| *Can you tell me where I can find a phone box?* | Können Sie mir bitte sagen, wo hier eine Telefonzelle ist? |
| *Where can I get a phonecard?* | Wo bekomme ich eine Telefonkarte? |
| *What's the code for …?* | Wie ist die Vorwahl von …? |
| *There's no reply.* | Es meldet sich niemand. |
| *Try it again.* | Versuchen Sie es noch einmal. |
| *The line is engaged.* | Die Leitung ist besetzt. |
| *payphone* | Münztelefon |

| *Lodging* | Unterkunft |
|---|---|
| *Do you know where I can find a room in the centre?* | Wissen Sie, wo ich ein Zimmer in zentraler Lage finden kann? |
| *Do you have a room for two nights?* | Haben Sie ein Zimmer frei für zwei Tage? |
| *I'm looking for a bed and breakfast.* | Ich suche eine Pension. |
| *How much is it?* | Wieviel kostet es? |
| *Could you book me in?* | Können Sie für mich reservieren? |
| *Is it far from here?* | Ist es weit von hier? |
| *How do I get there?* | Wie komme ich dorthin? |
| *Do you have a double/single room?* | Haben Sie ein Doppelzimmer/Einzelzimmer frei? |
| *Can I see it, please?* | Kann ich es mir bitte ansehen? |
| *Can you put in a cot?* | Können Sie ein Kinderbett aufstellen? |
| *sink* | Waschbecken |
| *shower and toilet* | Dusche und WC |
| *bathroom* | Badezimmer |
| *The key to room 10, please.* | Bitte den Schlüssel für Zimmer 10. |
| *We're leaving tomorrow.* | Wir reisen morgen ab. |
| *Could you wake me up at seven?* | Können Sie mich um sieben wecken? |
| *May I have my bill, please?* | Machen Sie bitte die Rechnung fertig. |
| *Would you order me a taxi?* | Rufen Sie bitte ein Taxi. |
| *campsite* | Campingplatz |
| *tent* | Zelt |
| *youth hostel* | Jugendherberge |

| *Weather* | Wetter |
|---|---|
| *How is the weather today?* | Wie wird das Wetter heute? |
| *weather forecast* | Wetterbericht |

| | |
|---|---|
| *It's going to be warm.* | Es wird warm. |
| *It's quite humid/close.* | Es ist ganz schön schwül. |
| *hot* | heiß |
| *cloudy* | bewölkt |
| *cold* | kalt |
| *cool* | kühl |
| *variable* | wechselhaft |
| *What's the temperature?* | Wieviel Grad haben wir? |
| *cloud* | Wolke |
| *storm, thunderstorm* | Gewitter |
| *hailstorm* | Hagelsturm |
| *heat* | Hitze |
| *rain, shower* | Regen |
| *sun* | Sonne |
| *wind* | Wind |
| *climate* | Klima |
| *wet* | naß |
| *fog* | Nebel |
| *sunrise* | Sonnenaufgang |
| *sunset* | Sonnenuntergang |

## Numbers — Zahlen

| | |
|---|---|
| *zero* | null |
| *one* | eins |
| *two* | zwei |
| *three* | drei |
| *four* | vier |
| *five* | fünf |
| *six* | sechs |
| *seven* | sieben |
| *eight* | acht |
| *nine* | neun |
| *ten* | zehn |
| *eleven* | elf |
| *twelve* | zwölf |
| *thirteen* | dreizehn |
| *fourteen* | vierzehn |
| *fifteen* | fünfzehn |
| *sixteen* | sechzehn |
| *seventeen* | siebzehn |
| *eighteen* | achtzehn |
| *nineteen* | neunzehn |
| *twenty* | zwanzig |
| *thirty* | dreißig |
| *fourty* | vierzig |
| *fifty* | fünfzig |
| *sixty* | sechzig |
| *seventy* | siebzig |
| *eighty* | achtzig |

| | |
|---|---|
| *ninety* | neunzig |
| *hundred* | hundert |
| *thousand* | tausend |

## *Time/Calender* — Zeitangaben/Kalender

| | |
|---|---|
| *What's the time?* | Wie spät ist es? |
| *It's (around) one o'clock.* | Es ist (ungefähr) ein Uhr. |
| *It's quarter past one.* | Es ist viertel nach eins. |
| *It's half past one.* | Es ist halb zwei. |
| *It's quarter to two.* | Es ist viertel vor zwei. |
| *In about half an hour.* | In ungefähr einer halben Stunde. |
| *today* | heute |
| *yesterday* | gestern |
| *the day before yesterday* | vorgestern |
| *tomorrow* | morgen |
| *the day after tomorrow* | übermorgen |
| *in the morning* | morgens, vormittags |
| *in the afternoon* | nachmittags, abends |
| *at night* | nachts |
| *early* | früh |
| *late* | spät |
| *day* | Tag |
| *week* | Woche |
| *month* | Monat |
| *year* | Jahr |
| *Monday* | Montag |
| *Tuesday* | Dienstag |
| *Wednesday* | Mittwoch |
| *Thursday* | Donnerstag |
| *Friday* | Freitag |
| *Saturday* | Samstag |
| *Sunday* | Sonntag |
| *January* | Januar |
| *February* | Februar |
| *March* | März |
| *April* | April |
| *May* | Mai |
| *June* | Juni |
| *July* | Juli |
| *August* | August |
| *September* | September |
| *October* | Oktober |
| *November* | November |
| *December* | Dezember |

Die **fetten** Seitenzahlen verweisen auf ausführliche Erwähnungen, *kursiv* gesetzte Begriffe bzw. Seitenzahlen beziehen sich auf den Service.

# aktualisierte Auflagen 2008

- 96 Seiten mit den Highlights der Reiseregion oder der Stadt: Orte, Landschaften, Museen, Architektur, Plätze und Parks.
- Viele Serviceadressen und Tipps
- Sprachführer und Register
- Augenweide: aktuelle, erstklassige Fotos
- ideales Format: so schmal, dass es in jede Tasche passt (10,5 x 21 cm)
- Der Stadtplan der City Guides mit allen Details, natürlich mit Straßenregister und einem Verkehrsnetzplan; die beschriebenen Sehenswürdigkeiten sind durch farbige Sternchen markiert.
- Die detaillierte Landkarte der Info Guides mit Stadtplänen und Register.

## Bildnachweis

Bilderberg Hamburg/Florian Monheim: S. 33 o.
Bilderberg Hamburg/H. & D. Zielske: S. 12, 16 u., 36, 54/55
Britainonview, www.britainonview.com: S.11, 28, 30, 31, 39 o., 41, 42, 44 o., 49, 58, 59, 61, 65
Fridmar Damm, Köln: S. 15 u., 19, 24, 57, 60
Franz Marc Frei, München: Titelbild, S. 17., 45 o., 52, 53, 70, 74
Ralf Freyer, Freiburg i. Br.: S. 4/5, 16 o., 26, 34, 37, 45 u., 63, 68, 69, 73, Umschlagrückseite
Miguel Gonzalez/laif, Köln: S. 2, 13, 14, 21, 22/23, 29, 35, 43, 46/47, 56, 67
Hartmut Krinitz/laif, Köln: Schmutztitel (S. 1), 32, 48, 50/51
Archiv Vista Point Verlag: S. 6, 7, 8, 10, 15 o., 16 m., 18, 20, 33 u., 39 u., 44 u., 61

**Titelbild:** Sissinghurst, Englands schönster Garten, angelegt von Vita Sackville-West und ihrem Mann Harold Nicolson
**Schmutztitel** (S. 1)**:** Gespannte Aufmerksamkeit auf dem Bowling Green in Brighton
**Umschlagrückseite:** Abendstimmung im Country Park Seven Sisters


4., aktualisierte Auflage 2008

Reihenkonzeption: Horst Schmidt-Brümmer, Andreas Schulz
Redaktion: Kristina Linke
Lektorat: Eszter Kalmár
Layout und Herstellung: Kerstin Hülsebusch-Pfau, Britta Wilken
Reproduktionen: Litho Köcher, Köln
Kartographie: Berndtson & Berndtson Productions GmbH, Fürstenfeldbruck

Gedruckt auf chlorfrei gebleichtem Papier

ISBN 978-3-88973-398-6

An unsere Leserinnen und Leser!
Die Informationen dieses Buches wurden vom Autor gewissenhaft recherchiert und von der Verlagsredaktion sorgfältig überprüft. Nichtsdestoweniger sind inhaltliche Fehler nicht immer zu vermeiden. Für Ihre Korrekturen und Ergänzungsvorschläge sind wir daher dankbar.

**VISTA POINT VERLAG**
Händelstr. 25–29 · 50674 Köln · Postfach 27 05 72 · 50511 Köln
Telefon: 02 21/92 16 13-0 · Telefax: 02 21/92 16 13 14
**www.vistapoint.de** · info@vistapoint.de